知识生产的原创基地
BASE FOR ORIGINAL CREATIVE CONTENT

颉腾商业
JIE TENG BUSINESS

DECIDE & CONQUER

挑战

成就新领导的 45个关键决策

[美] 戴维 · 西格尔（David Siegel）———— 著
栗长江 ———— 译

中国广播影视出版社

图书在版编目（CIP）数据

挑战：成就新领导的45个关键决策 / (美) 戴维·西格尔（David Siegel）著；栗长江译. -- 北京：中国广播影视出版社, 2024.3

书名原文: Decide and Conquer:44 Decisions that will Make or Break All Leaders

ISBN 978-7-5043-9198-8

Ⅰ. ①挑… Ⅱ. ①大… ②栗… Ⅲ. ①领导学-决策学 Ⅳ. ①C934

中国国家版本馆CIP数据核字(2024)第031817号

挑战：成就新领导的45个关键决策

[美] 戴维·西格尔（David Siegel）著

栗长江　译

策　　划　颉腾文化
责任编辑　王　萱　赵之鉴
责任校对　张　哲

出版发行　中国广播影视出版社
电　　话　010-86093580　010-86093583
社　　址　北京市西城区真武庙二条 9 号
邮　　编　100045
网　　址　www.crtp.com.cn
电子信箱　crtp8@sina.com

经　　销　全国各地新华书店
印　　刷　涿州市京南印刷厂

开　　本　650 毫米 ×910 毫米　1/16
字　　数　175（千）字
印　　张　15
版　　次　2024 年 3 月第 1 版　2024 年 3 月第 1 次印刷

书　　号　ISBN 978-7-5043-9198-8
定　　价　69.00 元

赞 誉

戴维·西格尔在担任Meetup的首席执行官后，面临了一系列艰巨的挑战。在这本书中，他以引人入胜的方式，深入分析了这些挑战，并分享了他在关键决策上的思考。这本书的内容不仅令人深思，而且充满了谦逊和幽默。对那些渴望了解领导者如何应对困难并做出关键决策的人来说，这本书是必读之作。

——NextFoor 首席执行官，莎拉·弗瑞尔（Sarah Friar）

无论你在领导一家初创公司、一家《财富》500强公司，还是一个家庭，做出明智的决策对成功和幸福都至关重要。戴维·西格尔的《挑战：成就新领导的45个关键决策》将指引你在未来的工作和生活中做出更明智的选择。

——畅销书《幸福的方法》作者，泰勒·本-沙哈尔（Tal Ben-Shahar）

戴维·西格尔就是我想为之工作的那种首席执行官。无论是组建团队、激发员工潜力还是应对艰难的挑战，他在《挑战：成就新领导的45个关键决策》这本书中都给出了宝贵的指导和建议。

——《纽约时报》畅销书作家，乔恩·利维（Jon Levy）

戴维·西格尔通过生动的故事、深入的分析和实用的建议，带领你探索了领导力的本质和核心原则，他揭示了成功领导者的共同特质，并提供了一系列行动步骤，帮助你在领导团队时更加自信和有效。正如他在《挑战：成就新领导的45个关键决策》中向我们展示的那样，基于自己的价值观来做决策，比如从善良开始，优先考虑人，坚持长期主义，做对人们有利又有商业价值的事。

——工作场所战略家、畅销书作家，艾丽卡·凯斯温（Erica Keswin）

我喜欢读戴维·西格尔的作品，他的文字真实又充满幽默，在这本书里他讲述了在他职业生涯中遇到的关键岔路口，以及他对做出的正确和错误决策的反思。他的经历妙趣横生，他还拥有一种独特的能力，就是能将这些经验教训应用到我们也可能面临的场景中。

——耶什华大学Sy Syms商学院院长，诺姆·瓦瑟曼（Noam Wasserman）

在这本引人入胜的书中，戴维·西格尔带领读者探索领导力的全新视角。他分享了一些独特的基本规则，这些规则将彻底改变你对领导力的认知，并帮助你在担任新领导角色的第一天重新思考如何构建团队。无论你是即将成为领导者的新手，还是已经在职场中积累了丰富经验的资深领导者，这本书都将为你带来新的启示和洞察力。

——Daybreaker的首席执行官和创始人，拉达·阿格拉瓦尔（Radha Agrawal）

戴维·西格尔的领导历程跨越了多个行业，并在纽约市颇具影响力和标志性的公司中积累了丰富的工作经验，阅读本书有醍醐灌顶之感，它提醒我可以选择因害怕犯错而胆怯不前，也可以选择保持友善与信心，勇敢地做出决策并从中吸取经验教训，每次我都想选择后者。

——AlleyCorp合伙人，温迪·库（Wendy Tsu）

序 言 | INTRODUCTION

WeWork[①] 的高管们与亚当·纽曼（Adam Neumann）共事的一大好处是可以收集到有关他的许多奇闻趣事，茶余饭后分享这些故事成了他们的一大乐事。我最喜欢的故事不仅关于亚当本人，还关乎我面临的挑战——我是他的部下，担任 Meetup 的首席执行官。

2019 年 1 月，我被召到旧金山，在位于赛富时大厦（Salesforce Tower）的 WeWork 西海岸总部与亚当进行一对一的交流。他开门见山地告诉我 Meetup 应该怎样发展。其间短暂休息了一下，亚当关掉灯，打开环绕音响系统，播放起《马戏之王》(*The Greatest Showman*)，他、我，还有来自拉丁美洲的总经理（我不知道为什么他也在场）随音乐一起唱了起来。会谈随后中断，因为亚当有个重要的电话要打，他需要确认孙正义（WeWork 的最大投资者）赠送给他的武士刀是否已经送到家。

没过一会儿，他的妻子丽贝卡（Rebekah）走进房间，快速脱掉鞋子，转向我，问我是谁。丽贝卡最近被提升为 WeWork 的首席品牌官了。我简单记录了一下我们的谈话内容，大致如下：

丽贝卡：你是谁？

---

① WeWork 总部位于美国纽约，是全球领先的办公空间服务平台，最早于 2011 年 4 月向纽约市的创业人士提供服务。——译者注

戴维：Meetup 的新任首席执行官。

丽贝卡：Meetup 是什么？

亚当：我们一年前收购了 Meetup。

丽贝卡：Meetup 是我们的？具体是干什么的？

戴维（陷入思索）：WeWork 的首席品牌官甚至不知道我们的存在。天呐，我们太没存在感了。

丽贝卡：你们应该把公司名称改改，太没品位了。

亚当：嗯，他们打造这个品牌已经 18 年了，但我们确实应该商议一下改名的问题。

戴维（因为无语而陷入思索）：我这是到了一家什么公司？！

自从 2002 年 Meetup 成立以来，已经有 3 000 万人参加过 Meetup 的活动。局外人可能并不了解，Meetup 是世界上最大的搜索、组织社群团体活动的平台，每天有 193 个国家的 30 万个团体通过 Meetup 创建和举办约 1.5 万场活动。团体按所在的地理位置进行组织，基于共同的兴趣（如远足、视频游戏或学习 Java）或共同的身份，在线或面对面地聚会。Meetup 群组由群主组织，付费后可以使用 Meetup 的在线工具来设置群组活动的时间和地点、发展新成员、收取相关费用、对潜在候选成员进行筛选、上传照片、进行在线聊天等。有些团体只有 3 到 5 名成员，有些则有数万名成员，但每个群组都是独特的社群，其活动可能会改变成员的生活。Meetup 致力于加强人与人之间的联系，并利用技术将世界各地具有共同兴趣和身份的人联系起来。

Meetup 是一项真正的公益事业，它提升了全球数百万会员的生活，这正是其创始人斯科特·海弗曼（Scott Heiferman）在“9·11”

事件后创建该公司时的初衷。他说：

我住在休斯敦街，我们在南边的所有店铺关闭了好几个星期。我们公寓大楼里的住户开始以一种前所未有的方式进行眼神交流，问彼此过得怎么样。人们互相打招呼时，你会感受到非常明显的邻里情怀……之前，如果世界上有谁认为邻里聚会或互相帮助无关紧要，那个人肯定是我。但“9·11”事件令我心头一震……于是我开始研究这个话题。我读到弗朗西斯·凯恩克罗斯（Frances Cairncross）的《距离之死》(*The Death of Distance*)，他说在未来的网络社会，距离不再重要，你可以和虚拟世界中的人成为最好的朋友。但是，通过这一事件，我意识到面对面交流是何其重要。后来我又读了罗伯特·帕特南（Robert Putnam）的《独自打保龄球：美国日渐衰落的社会资本》(*Bowling Alone*: *America's Declining Social Capital*)。帕特南在书中抛出来这样一个挑战：“如何将社会中真正有价值的东西带入21世纪的未来？”受此启发，我意识到我应该做的是帮助人们自我组织起来，形成当地的社群。

2002年，斯科特获得了10万美元的天使投资，后来又获得了125万美元的风险投资。该公司于2002年6月推出了自己的网站，并利用这些资金在数千个城市组织了数千个主题活动。斯科特的Meetup平台创造了数百万个可行的聚会活动，从吉娃娃爱好者到多动症支持团体，主题广泛多样。当至少有4个人回复确定可以参加活动时，活动方可开展，此时，他们会收到电子邮件，通知他们活动即将举办。之后，它会选择3个地点作为活动举办的备选地点，供参与者选择。斯科特力求组织活动、参加活动便利化，“播撒”了数百万个机会，但是，其中大约 99% 的机会并没有等来有准备的头脑。尽管如此，由于数量庞大，只要很小一部分机会得以落地，他就成功了。机会落地生根了——令人欣喜的是，Meetup 在第一个月就吸引了 1.4 万多名用户。9 个月后，公司的用户数激增到 20 万。到 2003 年 8 月，用户数迅猛增长到 50 万，群组类型达 1 500 种之多。

Meetup 的增长势头在 2004 年总统大选前后的政治动员中迎来转折点。霍华德·迪恩（Howard Dean）迷上了 Meetup，到 2003 年 9 月，4 万多名 Meetup 会员参加了霍华德·迪恩组织的一次活动。迪恩的成功吸引了约翰·克里（John Kerry）和彼时还默默无闻的贝拉克·奥巴马（Barack Obama），他们借助 Meetup 来竞选参议员。奥巴马甚至承诺，伊利诺伊州任何一场超过 1 000 名回复者的 Meetup 活动，他都会亲临现场。2005 年 4 月，公司做出重大调整，决定向组织者收取每月 9 美元的服务费。斯科特在网站上发布了一个醒目的通知，告诉组织者们："我们有个消息要给大家公布一下，但可能你们不会喜欢。"他说对了。一夜之间，Meetup 的用户数量从 5 万陡降至 4 000，组织的活动陡降了 90%。但是 Meetup 群组的质量显著提高，活动的组织成功率从 4% 飙升至 45%。这个大胆的决定将质量置于优先地位而不是数量至上，从而避免了 Meetup 沦为一个无人信任的平台。直到 2009 年，Meetup 的群组数量才重返 5 万，但那时所有的社群组织者都是世界各地的付费用户，组织的活动非常有意义。

Meetup 的收入持续增长，但公司并没有或无意创造大额利润。多年来，它的运营模式颇似非营利组织，获取的收益都投入公司运营中。之后，公司收入增长乏力，因而需要再度筹集资金。在筹资过程中，Meetup 偶遇了一位“追求者”——白马王子亚当·纽曼奉上了玫瑰。2017 年 11 月，WeWork 宣布以 1.56 亿美元收购 Meetup。在 6 个月后，WeWork 决定招募一位新的 Meetup 首席执行官。

被招进公司的首席执行官就是我。

我与亚当会面一年后，WeWork 的业绩就像没有降落伞的自由落体一样——首次公开募股给公司带来了灾难性的影响，也暴露了在亚当领导下多年来公司财务状况非常混乱的问题。几个月后，由于新冠疫情的影响，公司轰然坠地。这也表明其商业模式明显存在致命缺陷：如果人们不再需要办公室了，该会是怎样的情形？

首次公开募股差点搞垮 WeWork，新冠疫情更是使公司雪上加霜，因为我们的全部业务在于便利地举办线下活动，而疫情期间，人们要遵守防疫规定，无法会面。反观 Meetup，其业务不但没有下滑，反而逆势上涨，在其 18 年的历史上，从来没有像如今这样财源广进。我们把利润重新注入公司，旨在改善组织者和会员的体验。正是在此期间，亚当·纽曼卸任首席执行官，被逐出 WeWork，公司办公室也从赛富时大厦迁出。

为什么 Meetup 扶摇直上而 WeWork 却摇摇欲坠呢？这在一定程度上归因于我们的管理团队，以及我们一路走来做出的一些关键的、决定公司命运的决策。

领导者的首要职责是要做出明智的决策，其中哪些决策需要放权，以及放权给谁也非常关键。领导者要做的决策须少而精，因为一旦决策做出，其影响力更为深远。虽然每个领导者自身的处境、过往及偏好各异，做决策时需要予以考虑，但所有领导者面临的关键挑战都是相似的，首先一条是：你应该接起领导的重任吗？

领导者需要做出的其他决策包括你在第一天要给员工讲些什

么？如何与员工快速建立起信任关系？你应该相信谁？公司是需要立即变革（如重组高管团队，改变公司战略）还是缓慢改变以维持稳定？可能你的领导不像亚当·纽曼那样反复无常，但你应该如何与他打交道？这个问题无法回避。

我在 Meetup 总共面临 45 个关键挑战。事实上，这些挑战具有普遍性。作为一名新领导，你也会面对同样的挑战。虽然听起来数量很大，但这些挑战是在可控范围内逐步显现的：你上任后的前 30 天，第一个季度的其余时间，第二个季度，以及第一年的其余时间，此外，还有重大危机不可避免地向你袭来时你要面对的挑战。

在本书中，我将带你了解我如何应对这些挑战、如何做出决策，无论这些决策是对是错。以我为鉴可以帮助你更好地理解你做出的选择，控制好自己的欲望和恐惧，助你轻松做出更为明智的决策。

不要忧心忡忡。做决策确实很难，但如果作为领导，你内心充满疑虑，感觉力不从心，这样的感觉并非你独有，也许听到这些会让你感到些许安慰。

我希望你不必在 WeWork 这样的混乱中做出决策，因为 WeWork 一再搅乱我们未来成功的计划，到头来不得不决定卖掉我们，而且要在一个月内就完成出售交易。这让我不得不转变想法。起初我想助 WeWork 保住 Meetup，而现在不得不从 WeWork 的刀口下救出 Meetup。

不过，应该说这反而增添了故事的趣味性。所以，如果你是来看热闹的也无妨，但是一定要学习如何做决策，这有助于你成为一名更出色的领导者。

CONTENTS | 目录

第一章 01

基本规则
构建你的决策框架

领导者做出的每一项决策都基于某个决策框架，而该框架是其早期阅历和生活经验的结晶。因此，了解我的历史，以及我在Meetup面对的45个关键挑战时运用的决策框架，对诸位来说非常重要，这样你就明白你可以如何变换自己的行事风格。

例如，我过去非常害羞，甚至可以说是害怕很多事情。高中时，我恐惧过山车，害怕在湖里游泳，根本不敢在公共场合说话。和女孩说话时我会汗流浃背，结结巴巴连不成句。我的焦虑不是临床上的那种，只是在探索新事物或结识陌生人时感到的极度紧张。

在我毕业后的那个夏天，情况发生了改变。当时，我在一个露营活动中当辅导员。活动中有一个很受欢迎的女孩（她也当辅导员），说不清为什么，反正种种迹象表明她对我很感兴趣。在我即将进入大学前的间隔年里，我们聊了无数个晚上，保持着密切的联系。这段感情让我对自己有了信心，让我反思我是谁，我是如何生活的。我不喜欢自己的怯懦，决心不再前怕狼后怕虎。我要挺直腰板直面风险，这并不难，难的是深挖最初害羞和恐惧的原因。

上小学时，小孩们欺负我、骂我。有一年夏令营，我被人拉下了底裤，这给我造成了身体上和精神上的伤害。很多和我一起长大的小孩都是混蛋，而且很多长大后还是混蛋。

在领导力方面，我学到的第一课就是要永保善良。

我不会效仿那些人，不会像他们那样去伤害别人。无论自己多有优越感，我都会设身处地地体恤他人，这最终形成了我在领导力方面的基本理念：理解员工的需求；体恤员工的困苦与挑战；激励员工发挥潜能；对员工充满温情，尽量减少他们的痛苦，尤其在他们孤苦无助的时候，如在裁员期间。这将是我人生的使命。

我练就的直面风险的能力使我乐意去冒风险，还使我与所有常春藤联盟的学生反向而行：他们选择最具挑战性的课程，而我专挑最简单的课程，从而把所有的时间和精力都投入课堂之外的学习中。我相信我最具变革意义的经历将成为我最伟大的导师——人性和生活经验教会了我许多在课堂内学不到的东西。

在“9·11”事件之前，一些航空公司推出一项服务：如果你没有行李占用机上空间，飞机在即将起飞时还有空座的话，你可以只花 99 美元即可环游世界。我经常这样穷游。大学一年级春假期间，我在机场给妈妈打电话，因为那个星期我买到了飞往比利时的即时航班。她很奇怪我为什么睡得那么晚。其实，我原本是要回家度春假的，所以那天早上没有跟她通电话。我睡在约旦的屋顶上，在以色列的街道上卖光碟机，在布莱顿海滩教俄罗斯移民英语，在乌克兰教乌克兰人希伯来语。我还在纽约练过摊，卖炸鹰嘴豆泥球。我不放过任何机会去获得与他人迥然不同的体验，那时我还是个十几岁的孩子。这些历练使我懂得在做出明智决策时自信非常重要，但切记不要骄傲自大。

我在宾夕法尼亚大学大二快结束的时候，去普林斯顿大学参加了一个学生会议，那天晚上就随便睡在了一个学生房间的地板上。

我问他毕业后要做什么，他说他要当顾问。他告诉我，对一个什么都不懂却有信心假装什么都懂的人来说，这份工作再合适不过了。太好了，算我一个吧。

那时候还没有互联网，所以我请他把他拼凑的美国最大的100家咨询公司的“黄金名单”传真给我。我向每家公司发送了自己的简历（简历超简单，一张纸上没有几行字），然后热切地等待着实习邀请纷至沓来。然而，我等来的是100封拒绝信，但至少它们回复了！

不久，我接到了美国美世管理顾问公司（Mercer Management Consulting）的电话。虽然他们的纽约分部拒绝了我，但他们把我的简历寄给了他们的费城分部。事实证明，我是他们的最佳人选——因为没有其他人申请到他们公司去实习。我没有经过面试就得到了这份工作，整个夏天都忙着邀请制药公司参加他们的年度人力资源调查。我喜欢挣钱的感觉，决定在上学期间也到他们那里去实习。几乎每一家咨询公司的拒绝都使我体会到失败的滋味，但同时也让我明白主动行动、不走常规道路有多么重要。我还悟到了“大数定律”，它可以归结为：你追求的机会越多，拥有的机会也就越多。人们追求完美，为自己创造的潜在机会反而更少。相反，接受不完美，你就会有更多、更好的选择。如果我下定决心变得自信，我也能看到回报。

从那时起，我开始有了一种自信，让我在任何事情上都变得大胆。

在我所得到的工作中，没有任何一份工作将我视为最理想的人选，总有很多人比我懂得更多、做得更好。但我毫不在乎。我真心地认为，让我领导团队对公司是一件幸事，因为我一定会找到成功的方法。

这坚定了我的信念，无论可能性有多大，我都要从 WeWork 的刀下救出 Meetup，这个信念我从未动摇过。我不仅坚信我们会成功，而且坚信我是领导公司的最佳人选。当有朋友告诉我，他们认为自己还没有做好准备，觉得某个职位太重要了，他们恐怕胜任不了，这时我会告诉他们，岗位越重要越好。如果你成功了，那很好；如果你失败了，或者随着时间的推移你可能会失败，那就更好了。因为如果你失败了，你会从中学到更多。先把工作拿到手，然后再去考虑如何把工作干好。

将机会最大化也是同样的道理。学生们经常被教导术业有专攻的重要性，在择业时要按照自己的专业特长进行选择。但是这种针对性强的选择往往导致可供选择的职位很少，甚至没有职位可选，这就限制了他们找到最适合他们特定需求的岗位的可能性。况且，有多少学生明确知道他们进入大学想学什么及需要学什么呢？

我上大三的时候，选学了 20 个不同领域的课程，但我依然不知道自己将来要做什么。我甚至无法想象自己只专注于某一个主题，不去最大化自己的兴趣以积累广泛的经验。那时，宾夕法尼亚大学决定开设一个新的跨学科专业，称为 PPE（哲学、政治学和经济学）。我不需要限制自己，因为我不赞同自我强加的限制。我可以选择一个非特定专业的专业——我最终成为宾夕法尼亚大学第一个 PPE 毕业生。PPE 开设的课程可以说是一英寸深、一英里宽——也就是说，我所学的知识不够高深，什么都懂一些。虽然我成不了任何领域的专家，但我拥有跨学科的基本技能。最重要的是，我能够厘清学科之间的关系，这通常是解决问题的最佳方法。

事实证明，这为我成为首席执行官铺就了理想之路。我擅长的领域极少，我的每一个直属下属都比我更了解他们的专业领域。我的首要任务是从跨学科的角度考虑挑战的由来。如果我们在销售方面遇到挑战，这个挑战不仅仅关乎销售，还可能是产品、营销或激励方面的挑战。如果我们的产品不能满足用户的需求，那也不仅仅是产品问题，很可能与我们的编排、研究、设计或工程等方面的理念有关。没有什么是一维的。正如我早年学到的，理解他人的观点可以让领导者了解公司面临的各种挑战，并据此在整个组织层面做出决策，而不是专注于某一个职能部门。

与其一次尝试一件事，不如同时尝试多件事。保留有用的，抛弃无用的。扩大你的选择范围，你会发现自己越来越成功。传统上总是重视专业化的重要性，而戴维·爱泼斯坦（David Epstein）在2019年出版的《跨能制胜》（*Range: Why Generalists Triumph in a Specialized World*）中打破了专业化一统天下的传统。事实证明，年轻时重视多样化的体育运动可以加快运动员取得卓越成绩的速度，对商业领袖来说，多样化的经历也具有同样的价值。

与扩大化的选择范围相伴而生的是多样化的工作经历，它能带给人们许多意外收获，而这远比单一的但是可能短视的专业化更能帮助人们获得成功。当然，拥有许多机会也会带来风险，比如因为无从选择，从而失去所有机会。决策瘫痪会影响你个人和职业生活的方方面面。对我可行的方法是提醒自己要着眼长远，因为决策不仅仅关乎眼前的挑战，还应该帮助你完成（或者至少使你能够更好地完成）在通往更大目标的道路上的挑战。

例如，我不确定自己大学毕业后是否会喜欢咨询工作，所以我决定尽可能多地寻找工作机会。因为我曾在一家人力资源咨询公司工作过，所以最好的办法就是去其他人力资源咨询公司求职。

我最终收到了4份录用函，其中3份来自著名的大品牌，有明确的职业发展路径。另一份来自布雷克和梅里曼公司（Brecker & Merryman），这是一家只有 40 人的小公司，从未直接录用过大学毕业生，但公司告诉我，我将获得与他们录用的 3 名工商管理硕士同等水平的工作体验。我欣然接受了，因为我的目标不单是获得一份工作，我想获得工作体验，以决定我是否想要做此类工作。

在布雷克和梅里曼公司工作期间，我最大的客户是 DoubleClick，它是纽约最早的互联网公司之一。DoubleClick 的股票比前一年上涨了 500% 以上，但该公司正处于“互联网泡沫”的阵痛期。正如布雷克和梅里曼公司承诺的那样，他们没有等级制度，我因而获得了大量接触公司管理团队的机会，不像大多数 23 岁的分析师那样，只能在幕后落寞地埋头于制作幻灯片。我很快与 DoubleClick 的首席执行官凯文·瑞安（Kevin Ryan）建立起了联系。

那段时间凯文正在疯狂招人，有一天他问我挣多少钱。当他意识到他可以支付我目前工资的近两倍，而这还不到布雷克和梅里曼公司给我开出的转正工资的一半时，他给了我 DoubleClick 新设的人力资源合伙人的职位。我很幸运在为 DoubleClick 提供咨询时与凯文建立起个人关系，这次工作机会直接受益于这种关系。我有这样“出人头地”的机会是因为我特意选择了一家注重直接接触客户的咨询公司而不是首选大品牌的咨询公司。我欣然接受了这个职位，尽管我完全不知道在这个岗位上该干些什么，但无论如何我会获得工作体验。

DoubleClick 成就了我的梦想。我无法相信，在仅仅 24 岁时，我就已经在新生的互联网经济大潮中最具影响力的公司里做到管理层了。然而，不久互联网泡沫破裂了，我的 401（k）账户里全是 DoubleClick 的股票。我进入了管理层，我的退休基金却缩水超过 80%。

这只是噩梦的开始。作为技术业务的人力资源合作伙伴，我被要求在一天内解雇 30 名员工，全公司要裁掉 250 多名员工。我不得不独自应对我这个部门的整个解雇流程。

但这段经历正是我想要的。只有不到 1% 的首席执行官曾在人力资源部门工作过，但应该有更多的人有此经历。施乐公司的前董事长兼首席执行官安妮·马尔卡希（Anne Mulcahy）和摩根士丹利的副董事长杰夫·布罗德斯基（Jeff Brodsky）都是从人力资源部门晋升到公司领导人的。凯文·瑞安曾经告诉我："你和我做的事情非常相似。我们需要专注于招聘顶尖人才、激励员工、提供正确的绩效激励并且建立起强大的管理团队。"

我认为人力资源的工作经历为我如何领导公司、建立公司文化提供了一个框架，那就是以人为本，特别是 20 年后我不得不解雇 Meetup 的员工时。从那次经历中，我学到了我需要的东西：我不想做顾问，我要的是更多地去参与，卷起袖子加油干，而不是制作活页夹或幻灯片那些琐事。同理，我也不想待在人力资源部。人力资源部倾向于关注内部，缺乏与外部客户、产品、营销或销售的接触。我必须继续前进，获得实现我的长期目标所需的技能——我着眼于成为一名首席执行官。那时，我只有两个选择：一个是 DoubleClick 的销售职位，另一个是去沃顿商学院读工商管理硕士。选择很不容易。销售职位能给我提供比沃顿商学院工商管理硕士毕业生平均薪酬更高的整体薪酬。彼时，我刚刚有了第一个孩子，妻子想辞去工作，全职照顾儿子。

我向戴维·罗森布拉特（David Rosenblatt）寻求建议。戴维是 DoubleClick 一个业务部门的总经理，我当时是人力资源合伙人。我们一起为公司谋划各种与人力资源相关的策略。戴维上过商学院，他建议我去沃顿商学院读工商管理硕士，因为我从沃顿商学院受到的教育从长远来看比短期获得的高薪酬更有价值。

我听从了戴维的建议，决定着眼于长期收益，不去在乎短期之痛，我回到了宾夕法尼亚大学。之后的两年里，我们从两个人挣两份薪水转换到 3 个人都没有任何薪水的生活模式，我不得不贷款 10 多万美元来度日，但我始终坚信，通过大胆尝试，事情终会有好的转机。

戴维的建议被证明是绝对正确的。那个决定令我非常难忘。在我的职业生涯中，至少有 10 个决定，我都会第一时间向戴维寻求建议。他现在是推特和 IAC 的董事会成员，还是 1stDibs 的首席执行官。更重要的是，他是一位俊才，一直是我杰出的导师和朋友，当时我还没有意识到这一点，但我已经开始组建自己的顾问委员会，这对我的职业生涯很有帮助。《从优秀到卓越》（*Good to Great*）的作者吉姆·柯林斯（Jim Collins）一直特别推崇个人顾问委员会的影响力，他写道：“组建并充分利用个人顾问委员会是一个刻意的、精心而为的过程，意在回答以下问题——你想成为什么样的人？你渴望什么样的愿景？”每个人都应该组建自己的顾问委员会。

我准备离开 DoubleClick，但这家公司还没准备“放过我”。在我离开之前，首席执行官凯文·瑞安逼迫我做了一个决定，这个决定教会了我像永保善良之类的宝贵的东西。我们告别时，他说：“嘿，都到这个节骨眼了，你也没有什么可失去的了，你下周就要走了，给我一些关于我们高管团队的真诚建议吧。”

我很清楚该怎么评说他团队中的两个高管，但我要离开了，无论他们多么不堪，但是如果赤裸裸地“手撕”他们，他们会怎么看我呢？那样做未免太不友善了。但不直说又怎么对得起我和凯文的关系呢？实际上我不是无所失去，那样我失去的将是我的名声。既然他让我说，我也信任他，我就决定坦诚相见了，而且在必要时不留任何情面。我要努力遵循杰克·斯塔克（Jack Stack）在《伟大的商业游戏》（*The Great Game of Business*）中确立的原则："经营企业应该像打理水族馆一样，每个人都可以看到发生了什么。"

我告诉凯文，有几个高管当着他们团队的面诋毁他，这导致高管团队无法正常履职。我不在乎他们作为职能部门的领导时能力有多强，他们必须离开。

他们随即在周末就被解雇了。

这让我学会了要做到诚实评估。虽然所有的领导都应该在自己信任的员工离职前与他们聚在一起，听取他们的本真建议，但如果经常这样做可能会阻止他们离职。我还了解到，一个人即使没有任何特定的权力或责任，也可以有如此之大的影响力。

沃顿商学院对我而言是一次重要的经历，但我到沃顿商学院求学与大多数人攻读商学院的目的不同。我对商业几乎一窍不通，想学学这个专业，但我只专注于提升营销、金融和定量分析等方面的硬技能，因为我已经掌握了不少软管理技能。2003 年，我即将从沃顿商学院毕业，但我不想像大多数同学那样，走金融或咨询行业的职业路径。想想我职业生涯中最有意义的学习机会都来自导师，我觉得既然我最终想成为一名首席执行官，那么在读完商学院后，我理想的工作应该是直接接受首席执行官的指导，给他们当助理。有些岗位你可能并不熟悉，许多首席执行官也不是天生就熟悉他们的岗位。但我并不想成为一名行政助理，只是做管理首席执行官的日程安排和预订旅行之类的杂务。我想直接为首席执行官谋划战略项目，与首席执行官建立深厚的关系，并从我们的日常互动中悉心学习。

当然，挑战在于 99% 的公司都没有这样的职位。我需要创造这样的一个职位、推销这样的一个职位，从而推销自己。所以我走的是非常规路径，用的是非常规策略。我物色了大约 50 家感兴趣的公司，找到了一个可以利用的数据库，数据库中列出了每家公司的前 30 名高管。我得以摸索出每家公司的电子邮件是什么（例如，dsiegel@ ...，david.siegel@ ... 等），然后使用 Excel 合并函数列出 50 家公司中每一位高管的电子邮件地址，总共创建了 2 000 个之多。我的目标是通过大量发送电子邮件，把自己直接推介给各个公司的首席执行官。

我再次采取了量大质低的方法。在三月的一个晚上，我把 2 000 封电子邮件悉数发出——行动要快，摸索出什么可行，什么不可行，以便进入下一步。最终我与至少 10 位首席执行官进行了一对一的交流，他们是美国运通的首席执行官肯·陈纳德（Ken Chenault），NBA 总裁戴维·斯特恩（David Stern），JetBlue 的首席执行官戴维·尼尔曼（David Neeleman），以及 1-800-Flowers.com 的首席执行官吉姆·麦肯（Jim McCann）等。这场大规模的闪电战不仅让我找到了从沃顿商学院毕业后的第一份工作——为首席执行官工作，负责里德药店（Duane Reade）的业务拓展，后来还让我在 1-800-Flowers.com 找到了一份高管工作。

但起初，我的策略完全落空。

我找不到一家公司雇我做首席执行官助理。波士顿咨询集团（The Boston Consulting Group，BCG）给了我一份高级顾问的工作，这是从沃顿商学院毕业后可以得到的一个标准头衔，公司告知我 2004 年 1 月开始上班。当时是 2003 年 5 月，我就要毕业了，还背负了 10 万美元的债务。公司告知我 8 个月后开始上班，说我可以利用那段时间环游世界。听起来不错，但我的孩子得有饭吃呀！

虽然很不情愿，但我还是违背了内心：我接受了波士顿咨询集团的工作。我本应该少一些抱怨，多一分感激。波士顿咨询集团是“三大”精英咨询公司之一，几乎每个工商管理硕士毕业生都梦寐以求到那里工作。为了确保我能养家糊口，我决定必须力求务实。

虽然这一步没能按照我的职业路径走，但我乐观前行。我说服了里德药店的首席执行官让我做6个月的带薪实习。6个月后，公司让我留下来，跟波士顿咨询集团爽约。我很快就接受了这个建议，打电话给波士顿咨询集团的合伙人，告诉他我不去他们公司了。

他开始在电话里发火，厉声说道：“你犯了一个天大的错误。没人会拒绝波士顿咨询集团！你以后别想在咨询业混了！”好吧，那我就不在咨询业混了。

“熄火”后，他问我打算做什么，我说：“我要为里德药店负责业务拓展。”他沉默了好一会儿才问：“那么，你有没有感到内疚，想弥补一下，给我们推荐一个在那里做顾问的机会？”如果他友善一点，他本可以获得这个新客户。

在接受和拒绝波士顿咨询集团的工作机会时，我把自己摆在了首位。在里德药店，我认为自己也应如此，决定做自己认为对的事，而不是公司认为对的事。

长期以来，里德药店在服务顾客方面存在一个大问题：人们在药店排队等候，放下处方，然后等待或过后回来拿药，这是一件痛苦的事情。因此，首席执行官和我开发了一种新技术，我们称之为里德快运港（Duane Reade Express），类似于航空公司的信息亭。通过非常早期的视频会议技术，个人可以与药剂师交谈，之后扫描他们的处方，可以选择将处方药快递到他们家中，或者在任何里德药店随时取药。我雇用了销售、支持和技术团队来建造这些信息亭，把它们放置在医生办公室、养老中心、公司总部及医院。我们免费赠送这些机器，自此以后每个地方的处方量都在增加。

虽然在高峰时期，自助服务终端一周可以处理数千份处方，但这项技术太过超前，没能得到消费者的广泛采用，而且机器经常出现故障。在连锁店创立和运营的纽约市周围生产和维护里德快运港网络的成本也太高了。

如果我不能让这个系统顺畅运行，我可能就会失业，这给了我推进该系统的所有动力，不管结果是好是坏。

尽管存在严重的业务和技术问题，我还是努力推动该项目继续快速扩张，并说服自己，快运港数量的剧增将会提高效率，从而弥补我们的损失。（注意：此举很少奏效，每个试图过早扩张的初创公司都会很快发现这一点。）如果我们放慢脚步，继续改进技术而不是扩大规模，我们原本可以取得更大的成功，但我做了自己认为正确的事情。我本应诚实面对自己、面对事实，做对业务有益的事情。新首席执行官上任时，他决定停止所有的扩张，而我决定尽快找到一份新工作。我将规模置于效率之上，因而做出了错误的决定。

幸运的是，我一直日思夜想的工作正在虚位以待。

沃顿商学院的一位同学告诉我，1-800-Flowers.com 在沃顿商学院的校友数据库里发布了一份新工作。岗位名称是首席执行官助理，与 3 年前我试图向首席执行官推销的岗位职责一模一样。我很震惊，于是发邮件给首席执行官："您可能不记得我了，但几年前我试图说服您雇用我做您的助理。如果几年前我发的那封邮件多少影响了您寻找助手的决定，我很乐意和您聊聊。"他的回答只有 5 个字："找的就是你。”他也许想说的是，“你一开口就征服了我”。回想 2003 那年，我一夜之间给高管们发了数千封电子邮件，现在终于有了回报。

我当时 29 岁，被任命为 1-800-Flowers.com 的副总裁。32 岁时，我被提升为高级副总裁。35 岁时，我被委任领导每日健康（Everyday Health）。38 岁时，我成为投资网站寻找阿尔法（Seeking Alpha）的总裁。快 40 岁的时候，我加盟投资百科网（Investopedia），最终实现了我的职业抱负——成为一名首席执行官。

现在有何打算？20 年来，我的使命就是我的事业。展望未来，我认为员工的职业生涯应该就是我的事业。

我一直想成为一名首席执行官，因为我见证了首席执行官对公司的影响力有多大。首席执行官可以塑造公司文化，而公司文化决定公司的成败。我发誓要把早期人力资源职业生涯中学到的经验全部归拢起来，打造出任何员工都参与其中的最令人惊叹的公司文化。我们做到了。

我们成功了，因为我们打造了一个致力于成为世界上最大的金融教育网站的团队，每个人都在为这个使命而努力。

员工喜欢在投资百科网工作。3 年来，我们的年度离职率不到 10%，并被《财富》杂志（*Fortune*）评出的克瑞恩商业评为纽约市 100 个最佳工作场所之一，连续 3 年被商业智能集团（Business Intelligence Group）评为最佳出版领域工作场所。这推动了业务的成功，因为看到努力得到回报进一步激发了员工的积极性，而这种积极性又进一步推动了商业成功，形成正反馈循环。

在 3 年时间里，投资百科网从 26 名员工和零收入增长发展成为拥有 150 名员工的公司，收入是原先的 3 倍之多。我们觉得自己不可战胜，殊不知，此时我们本应该觉察到的危机降临了。

就这样，我的首席执行官当不成了。

一则因为我们取得了可观的业绩，再加上母公司需要整合业务，有一天我接到电话，要我去见出版集团的负责人。见面后我当即被告知投资百科网已被出售给 IAC 投资组合中的姐妹公司 Dotdash。他们支付的价格远远高于我接手投资百科网时它的市场估值，高出 IAC（投资百科网的母公司）最初收购时价格的几倍。

没有尽职调查，也没有得到任何预先提醒，我被告知要在第二天把消息通知到每个员工。

家人的离世、世界大事的冲击都没有这次谈话对我的打击大，我简直要昏厥过去了。我把全部心血都倾注给了公司，我们在方方面面取得了可观的成绩，我却出局了。我无法打起精神再去打拼。在我的要求下，他们给了我遣散费，但这无法弥补我心灵受到的伤害。

这件事让我学到很多：我明白了所有的工作都只是工作，我们应该尽全力取得成功，但同时还要忍受成功未必能带来好的结局；我明白了做好工作本身就是一种真正的奖励，因为这关乎的不是结果，而是员工的职业生涯以及工作对个人的影响。正如韦恩·戴尔（Wayne Dyer，一位出版过 30 多本书的自助大师）所言：“当你跳舞时，你的目的不是去地板上的某个地方，而是享受每一个舞步。”我还明白了任何事情可能在任何时候发生，唯一值得惊讶的是对任何事情的发生依然感到惊讶。这点醒悟对我最起作用，助我在那躁动的 6 个月中坦然应对 WeWork 过山车式地出售 Meetup 的事情。

没有预见到会被出售并为此创造理想的条件，这是一个很大的错误，但这不是我唯一一次犯错。

我犯过的错曾经导致数百万甚至数千万美元的损失，数百名员工被解雇。对这些错误我虽不感到骄傲但也没觉得有什么羞耻，这些通常是个人不安全感、缺乏经验，以及某些不恰当动机带来的不可避免的后果。行业层面的变动起了推波助澜的作用，但是这些失败从根本上讲归因于我的个人行为。我想分享一些给大家，因为我从这些失败中获得的远远多于成功所得，我希望读者也能如此。

我犯的其中一个错误是为了个人利益扩大业务，缺乏明确的产品市场匹配。通常，领导者的做事诱因与公司的不同，作为领导，认识到这一动态关系至关重要。一家公司可能专注于大规模增长，而领导者关心的是保住自己的工作，从而极力规避风险，这与公司的关注点南辕北辙。或者正如我在里德药店职业生涯早期的情况一样，我专注于我的职业发展，想把业务做大，并获得管理大量员工的经验。公司关注的是风险最小化，而我关注的是经验最大化。通常情况下，占上风的是领导者而非公司，公司往往“后知后觉”，几年后才采取行动。

由于几乎完全相同的原因，我在每日健康担任总经理时也惨遭失败。更不可原谅的是，我没有从在里德药店犯下的错误中吸取教训。在每日健康，我受命拓展一项新业务，将当地医生与公司拥有的 3 000 万关注健康的用户建立起联系。如果我试图从零起步，可能需要很多年才能获得可观的收入。我成功的唯一途径——并能保住总经理的宝座——是收购一家公司。我极力促成这笔交易，公司为此支付了过高的价格。我迫切想要证明自己，这导致多年后每日健康将并购的公司出售时损失了 1 000 多万美元。这也导致我们雇用了多达 150 名员工，日后却被要求将员工数减少到 50 人，因为公司决定上市。我把自己的名字列在裁员名单上，对我来说，这是咎由自取。那也是我第一次被解雇。

另一个惨败的例子发生在我担任投资百科网首席执行官的时候。由于公司发展势头良好，取得了不错的业绩，我觉得自己是不可战胜的。我醉心于创造一种公司趣味文化，3 年来我每周都组织员工开展疯疯癫癫的接力赛——愚蠢的夏令营游戏，企业静修郊游，或者 YouTube 视频。吃东西比赛、寻宝游戏、平板支撑比赛，你能想到的我们都组织过。这些滑稽的活动我们每周组织一次，每次大约 15 分钟。任何人想参加就可以参加，不想参加也不强迫。然而，有一小部分员工并不喜欢这些活动。现在看来，我们创造的是一种兄弟联谊会或姐妹联谊会式的环境，这让不想参与的员工感到不适。任何员工来到公司工作都不应该感到不舒服。工作环境应该是一个安全、包容的空间，让人们做真实的自己。我在“乐趣”上用力过猛，有些员工反感这种“轻浮”，而我没有顾及他们的感受。领导者需要找到合适的平衡点，一方面为员工创造真正享受工作的环境，另一方面确保每个人都能享有一个安全、包容的空间。

领导者通过他们在个人和职业生涯中开发的工具包来发挥领导作用。

作为 Meetup 的首席执行官，我一次又一次把我在 Meetup 之前的生活和职业生涯中积累的每一条经验付诸实践。从我加入 Meetup 到我们被卖掉，我通常不需要考虑该做什么决策，我的决策基本都是自动做出的，这也是我 44 年来生活经验的结晶。

以下是对我的决策框架的总结，在本书中我们会经常回顾这个框架，因为它关乎做出最佳决策：

- 永保善良
- 永远自信
- 大胆而为

- 扩展选择
- 着眼长远
- 坦诚相见
- 行动要快
- 力求务实
- 做对企业有益的事
- 心系员工
- 不大惊小怪

第二章

02

优秀的领导者
通过正确的决策来应对挑战

要想成为一名优秀的领导者，归根到底就是做好一件事：通过做出正确的决策来应对挑战。

你的特定背景会影响你做出决策，这就是为什么我想让你了解我的背景，这样你就可以了解我在 Meetup 工作期间为什么要那样决策。按照你的特定背景，我猜你肯定会认为我在某些情况下做出的决策是错的，而在其他情况下，你的背景可能会让你做出更好的决策。这没什么，而且通常你这样评判也没错。我只是希望我的决策，以及我做出这些决策的过程能帮助你应对自己的职业和领导力领域的挑战。

我归纳出我在 Meetup 面对的 45 个关键挑战。这些挑战带有普遍意义，任何承担领导者角色的人士都会以某种形式与它们相遇。事实上，你必须应对的第一个挑战甚至在你被雇用之前就已经出现。因为在你开始工作之前，实际上就已经面临这个挑战。

挑战1　你应该接受这份工作吗？

决策1　做足功课，做出正确选择

这并不像听起来那么容易，而且，如果这份工作貌似很棒，决策做起来就更难了，因为接下来你必须判断：这是一份表面上看起来很不错的工作，因为该工作有一个我想要的头衔，还是说这是一份适合我的工作？因此，必须做足功课以做出正确的决策。这对你来说至关重要，尤其是当你正在犹豫是否到 WeWork 这样的独角兽公司工作时。

我职业生涯中的每一份工作都直接或间接源于我之前建立的关系，我从未自己申请过工作，都是通过别人介绍获得了新的工作职位。我不会刻意和那些“日后有助于我”的人维持关系，而是和我真心喜欢和尊重的人保持联系，我真心喜欢和他们在一起。有些人关心我只是因为我也许日后能帮到他们，把这类人清出朋友圈并不难。不要因为私利维持关系，有些人能助你成为真实的自己，这样的关系才值得维持。

永远自信

在 WeWork，私人关系有着不同的含义。Meetup 的创始人兼首席执行官斯科特·海弗曼并不知道 WeWork 正在找人替代他，直到 WeWork 相关人员因 Meetup 首席执行官职位面试事宜联系他的一个朋友时，他才如梦方醒——尽管亚当·纽曼曾向斯科特承诺，如果要找人取代他，他会直接告诉他。我后来向亚当问及这个问题。亚当，一个酷爱抬杠的人，承认没有与斯科特当面锣、对面鼓地谈论此事是个糟糕的错误，其结果是，他一方面必须确保斯科特同意新首席执行官的人选，另一方面还得设法让斯科特留在公司，给新首席执行官当下手。

我并不认识斯科特，但亚当的做法听起来近乎疯狂。斯科特是Meetup16年历史进程中唯一的首席执行官，是公司的核心和灵魂，得到了大部分员工的拥戴（虽然也有少数员工不喜欢他）。但如果创始人不是首席执行官，只是管理团队的一分子，很难想象新首席执行官能够在改变公司文化、战略和优先事项方面有何发挥空间。

经常有人问我，被亚当·纽曼这样特立独行的人面试是什么感觉。我总是这样回答："和你想的一模一样，简直太疯狂了。"亚当没有问我过去的工作经历，主要问的是家庭和精神方面的。我有幸参观了他的私人冰浴和桑拿浴室（显然他是在早上五六点钟使用），还被招待了全套以色列素食。我们谈论生活，这个话题很有意义，但看得出，亚当并没认定我是领导Meetup的合适人选。所以，我暗下决心，如果有第二次面试机会的话，我会全力以赴，展露出亚当·纽曼般的内在。领导者喜欢把与自己相似的人招致麾下，如果我能得到这份工作，肯定是因为亚当发现我和他十分相似。要让亚当成为你的雇主，你必须全方位做好准备。好多事不要大惊小怪。

几周后，当我走进WeWork接受亚当的第二次面试时，我发现一名年轻员工穿着一件T恤，上面写着"Meetup + WeWork"。当时，我穿着一件白色礼服衬衫，我知道亚当肯定不会穿礼服衬衫，心生想要那位员工的T恤之念。我走近那位员工，解释说我要面试

Meetup 首席执行官的职位，想要和他交换衣服。我们走进一个衣帽间，我把我的布克兄弟牌（Brooks Brothers）扣领衬衫换成了一件破旧的 T 恤。亚当看到我时，他说："瞧，你能说服别人把衣服脱下来与你交换，应该没有什么东西你推销不了。"正如我之前学到的。

大胆而为

WeWork 决定聘用我，但亚当传递出的信息是，他想让斯科特及 Meetup 的高管团队感觉选择我的是他们自己，而非 WeWork。所以，即使接受了 WeWork 领导层的 15 轮面试后，我还要在 Meetup 的高管团队面前经受 12 轮考验。

其中三次面试由斯科特亲自出马。第一次还不错，第二次更好，但这还不足以说服斯科特，他想再加一轮，这次为期半天。我明白此举并非针对我个人。在掌舵 Meetup16 年后，他不愿把公司交给一个他一无所知的人。他带我去了纽约市参加 Meetup 举办的活动，向我展示了 Meetup 的使命所在。

我们首先观看了布鲁克林的一场清晨足球赛，在那里我和一名刚从德国回来的新成员聊了起来。他想念每周和他一起踢足球的那群朋友。多亏了 Meetup，他现在有 20 个新朋友可以一起踢足球，踢完还一起去酒吧玩。

我们下一站观摩了在 WeWork 会议室举办的日常活动，有机会目睹他们如何协同工作。十几个还在攻读博士学位的女员工在完成看似极其痛苦和单调的任务过程中凝聚力量、相互支持，我屏住呼吸，认真观摩。

然后我们前往中央公园，在那里我见到了"城市爸爸"的创始人。"城市爸爸"是经由 Meetup 组建的最成功的群组之一，许多全职爸爸在参加“妈妈和我”课程时感到被边缘化了，他们希望结识和自己有类似处境的人。组员之间的关系非常密切，非常鼓舞人心。更令人惊奇的是，这个群组已经在美国和国外扩展出30多个分支，因为群组中的爸爸们搬家时，他们会在新搬入的城市建立起新的群组。

我亲眼见证了这家非常特别的公司的增长潜力。同时，我还意识到斯科特通过带领新员工参加类似的实地观摩活动可以给公司带来多大的推动力。这是一种很棒的体验。

然而现实是残酷的。很显然，斯科特依旧不相信我是那个合适的人选，他邀请我与整个Meetup领导团队共进晚餐，他们每个人我都已经见过了。我必须决定此时是否是一个好的时机，于是我下定决心，对他们大喝一声：“要么让我走，要么让我干，别再把我支使得团团转！”

准备、前往、参加、跟进，每一次面试我前前后后已经花了三百多个小时。我觉得自己被一个不能（或不愿）让位的创始人由着性子利用了。最重要的是，当他们为我是否是他们的最佳人选举棋不定时，我对他们是否适合我也产生了动摇。

随着面试一轮一轮地进行，我不断扪心自问，我想要这份工作是因为我在面试上投入了如此之多的时间和精力，还是因为我真心想做这份工作？未能充分理解沉没成本误区[①]曾让我做出糟糕的决定，因为那时我认为“浪费时间”是一种恶习。但从事态发展动向上看，我应该接受这份工作。当事情进展很快时，你很难停下来重

---

① 沉没成本误区是指决策制定者忽略了现在的选择并不能纠正过去。在评价决策时，他们把注意力集中在过去消耗的时间、金钱和精力上，而不关心未来的结果。他们不但没有忽略沉没成本，甚至无法将它们遗忘。——译者注

新考虑你的选择，尤其是当你决意想赢时，但现实情况是事情一拖再拖。如果我拿下这份工作，不只是我当上了首席执行官，还意味着我击败了其他几十个出类拔萃的候选人，最终胜出。因此，我需要明白，不管我是否接受 Meetup 的工作，我花费的数百个小时都一去不复返了，我应该为自己做出正确的决策。

我还担心拒绝这份工作是否会给推荐我担任这一职位的 WeWork 董事会顾问迈克尔·艾森伯格（Michael Eisenberg）带来负面影响，当然也担心会给我自己带来负面影响——那些和我接触过的 WeWork 和 Meetup 高管们会不会认为我表里不一、不可信赖，不想再和我有任何来往呢？

坦诚相见

当然，这些不能成为你接受工作的理由。假如你的朋友给你推荐了一份工作，而你发现这份工作需要你从桥上跳下去，你会接受这样的工作吗？当然不会。同理，如果你想获得一份像样的工作，你就须抛开各种认知偏见，如沉没成本误区和赢者诅咒[①]，把注意力放在工作本身。拒绝一个职位总比因为错误的原因接受它更好。

幸运的是，我有自己的历史经验做参考。3 年前，投资百科网邀请我担任公司的首席执行官，15 年来我一直为此职位奋斗，但我并没有一口答应。

我告诉 IAC（投资百科网的母公司）的首席执行官乔伊·莱文（Joey Levin），我无法做出明智的决定，因为我没有参加过任何其他面试，不知道还有什么机会在等着我，也不知道自己的市场价值所

---

① 赢者诅咒系指多角化的公司因过于自信，而以较高于市价的价格去购并目标公司，也用于在拍卖中出价过高，此乃对自我经营能力过于乐观所造成的后果。——译者注

在。我回复说："如果我接受了这份工作，就觉得好像第一次和人约会就把她娶回了家。"

为了找到心仪的职位，我辞去了投资网站寻找阿尔法总裁的工作，一心扑在"寻找最适合我的工作"上。"适合"至关重要，因为正如你可能已经猜到的，寻找阿尔法的工作表面上看起来很光鲜，但并不适合我。为了不陷入同样的陷阱，我向信任的领导者征询意见，掂量在职业生涯中我喜欢什么、讨厌什么。我走了数百家公司，还收到两份高管职位的工作邀请。之后，我回去对乔伊·莱文说："嘿，我知道已经过去三个月了，但我已经准备好做出决定了。"我承认这样做"玩大了"，远远超出了勇敢和胆量的范畴。我心里明白，这个职位可能已经不再空缺了，或者即使依然空缺，他们对我拒绝了这份工作也会非常恼火，根本不会回我的电话。

扩展选择

他们的回复是："我们正准备把这个职位给别人，但我们还是更倾向给你。如果你想要，这个职位就归你，但你不能再拒绝了。"我约我未来的领导者再次见面好好谈谈。乔伊答应了。

我发现，面试的诀窍不在于你说什么，而是你能让面试官说什么，因为根据我的经验，他们一次只能做两件事中的一件：一是对你进行评估，另一个是在他们的组织中推销你。你需要让他们做后一件事。我总是惊讶地发现，当我切换状态，表达对公司的关切并想更多了解未来的雇主时，作为一名应聘人，我突然变得那么具有吸引力。我把这个工作职位的优点和缺点与其他两个工作机会进行了对比：在投资百科网，我有最终决策权，可以树立企业文化，而不仅仅是企业文化的一部分。我之前在他们的竞争对手寻找阿尔法工作过，所以对这个行业了如指掌。其他两个工作机会中有一个虽然只给了总经理的职位，但薪水定得非常高。乔伊花了很多时间向我推销他给出的职位，并越来越坚信我是合适的人选。我接受了这份工作。为了最终决策者和企业文化树立者的体验，我放弃了眼前的经济收益。

着眼长远

根据这一经验，我决定相信自己的判断，如果 Meetup 决定给我这份工作，我就接受，但反过来讲，拒绝了这份工作我觉得也不会受到什么伤害。感谢斯科特带我去实地感受，让我发现自己真的想要这份工作，因为 Meetup 的使命让我产生了共鸣。就像那位踢足球的德国小伙一样，我知道孤独是何感受。我也体验过在一个多姿多彩、充满活力的社群生活是多么快乐：我常去的犹太教堂，我孩子的学校，我的邻居。但是，这样的社群生活并不是人人可以享有的，每每想到这点我都有些难过。

我认为工作应该有意义，因为人生苦短。我 24 岁时，我最好的朋友艾伦·海姆里奇（Alan Helmreich）因为长了一个特别大的脑动脉瘤去世了。两个月后，一个朋友自杀身亡。没过多久，我父亲也去世了。你醒着的时候，花在工作上的时间多于其他任何活动，比陪伴妻子和孩子的时间都多。我遇到的这些伤心事让我明白，如果你做的事情产生不了什么影响力，就不要在上面瞎耽误功夫。

在 Meetup 当首席执行官，我可以产生全球性的影响。

尽管如此，我还是冒着把即将到手的工作搞砸的风险告诉 WeWork，不要安排我接受任何人的面试了，面试已经够多了。如果他们想聘用我，就给我这个机会，或者直接告诉我他们另有人选。

他们给了我这份工作，我愿意接受，但我提出了三个条件。

我的一个核心信念是：如果有谈判的机会，就抓住它。不要担心会让人觉得自己过于向“钱”看。正是这种担忧才让数百万领导者不敢积极为自己争取薪酬。我一直认为，协商酬劳事宜不是消极的反映，不去争取才是，所以不要羞于对薪酬事宜进行协商。

永远自信

此前十年，在我接受每日健康的总经理职位时，从我的领导者兼公司创始人本·沃林（Ben Wolin）那里学到了一条宝贵的经验。本经常与他聘用的高管直接进行薪资谈判。我和他谈判时非常激进，提了很多要求。谈判结束后，我问本，我谈判时咄咄逼人的样子是否让他感到不快，本回应道：“我聘用高管时，喜欢看到他们在为自己争取利益时有多强势，在多大程度上他们愿意奋争或做出妥协，以及他们有多自信。如果一位高管无意为自己争取更高的薪水和福利（或者阻止无休止的面试）那么他们就不会为推进公司的核心业务拼尽全力，因为这可能对他们影响不大。”

我向 WeWork 的总裁兼首席财务官阿蒂·明森提出的第一个请求是，我想确认我可以不必向亚当·纽曼汇报工作。亚当在面试过程中告诉我，他计划每月一天到 Meetup 和我一起谈工作。那太多了。哪怕每月来视察一次也太多了。我并不反对亚当，事实上我对他非常敬畏，但很明显他对如何运营 Meetup 特别有想法，我需要在亚当和我之间建立一个缓冲区，这样我就可以按照我的思路来领导公司。阿蒂同意了。结果在我担任 Meetup 首席执行官期间，亚当一次也没来过。当然，我经常被叫去他的办公室，这样做我没意见。

我的第二个请求是：我不想经营一家完全以满足 WeWork 的需

求为目的的公司。我对 WeWork 的高速增长存有顾虑，不希望将 Meetup 的未来完全置于支持 WeWork 的增长上。我需要选择适合 Meetup 的发展路径，而不是 WeWork 中意的发展路径。

做对企业有益的事

事后看来，这绝对是一个明智的决策！ Meetup 需要有独立的业务来独立生存。我对主要通过在 WeWork 办公室举办 Meetup 活动来销售更多 WeWork 席位的任务不感兴趣。阿蒂很快同意了这两个要求。

我的第三个请求涉及脱困问题，与 Meetup 的创始人有关。我真的很喜欢斯科特，但我认为让他给我打下手根本行不通。我倒希望斯科特可以担任董事长，协助开展关键的战略项目，但亚当坚持要我让他担任运营角色。我明确表示，这根本行不通，于是我们找到了一个折中的办法，让斯科特先休假三个月（他比任何人都更有资格休假），然后再重新评估他担任什么职务，由我最终再决定。亚当称我的决策为“所罗门式的”，后来我了解到，如果亚当评论你的决策时引经（《圣经》）据典，他通常是觉得你的决策还不错。

虽然这些要求听起来有些咄咄逼人，但协商任何事情的最佳时机实际上是在接受一份工作之前。如果一个领导者在开始之前没有确定决策过程、报告关系、激励结构、投资需求和其他关键的优先事项，那么这个领导者可能在开始之前就已经失败了。很多人都是这样。我想再次强调一点：许多领导者参加面试时在进门之前就失败了。他们非常害怕提出促使自己走向成功的具体需求，也许是因为担心如果他们提的要求过于激进，工作机会就会“飞了”。他们甚至天真地认为“问题都会解决的”。你需要在第一天之前就确定什么重要，以及这份工作怎样才能适合你，力求务实。

现在到了协商我的最终薪酬方案的时候了。我愿意接受这份工作，所以我没有假装不接受，而是说："阿蒂，我打算接受这份工作。但是我接受了这份工作可能会感觉很棒，也可能感觉有点糟糕。我不想玩虚的，假装不接受这份工作，我想感觉很棒，我知道你也想让我感觉很棒。接下来的三个月，做这份工作将会像在地狱中饱受煎熬一样。（注意：我想错了。时间要长得多。）我在回顾在地狱中挣扎的那段日子时，能记起你和亚当·纽曼在为我助威，我就毫无遗憾了。"即使在谈判中，也要坦诚相见。

阿蒂走出了房间。他打电话给亚当，亚当答应了我提的条件。

我立即签了合同，感到非常高兴。能给我非常信任的阿蒂·明森当下手令我非常兴奋。我就像"Drink the Kool-Aid"，相信WeWork将会成为下一个特斯拉，迫不及待地想开始工作。虽然我起初也有不少顾虑，但自我签上名字的那一刻，那些顾虑消失得无影无踪了。我现在专注于制订一个计划。我需要的只是制订一个战略计划，一切都会像以前一样顺利推进。当然，我大错特错了。

下面是我做决策 1 时的几点心得：付诸行动做出正确的选择。

面试就是约会。不要和你第一次的约会对象结婚，如果在约会过程中出现"警示信号"，这些"警示信号"只会在婚姻中变得更强。

离职后要重视前车之鉴。如果你因为特定的原因离开，要确保以后不会重入同样的困境。

你在面试过程中设定的期望值会反过来困扰你。在设定目标时，私下里要有股劲儿，但最好是少承诺，多兑现。

作为一名求职者，你的能动力比你想象的要大得多。如果你觉得被人戏弄了，就直接指出来，大胆直言。

如果某家公司的使命与你的契合，一定要“咬定青山不放松”。去尝试，即便不成功也没有关系，但永远要去尝试。

不要害怕谈判，一切都是可以谈判的。

第三章 上任三十天

03

当你接受一个领导职位时，棘手的工作并不是从上任第一天才开始的，而是从你接受这个职位的那一刻起就开始了，因为在你进门之前，就有大量的计划要做。所以，你的前 30 天实际上是把 90 天压缩成了 30 天——甚至可能压缩成了 1 天，你走马上任的第一天。

我知道在我上任的第一天，会有 250 名新员工问我公司的战略方向是什么。我也知道斯科特受到很多人的拥戴，我想做出的任何改变都会被认为是对他之前决策的蔑视。但我不是被雇来维持现状的。

WeWork 期待 Meetup 能有翻天覆地的变化。他们认为 Meetup 的文化有问题，管理团队有问题，商业模式、产品、财务或公司的增长率等都有问题。WeWork 认为，Meetup 的战略和运营的方方面面没有一处不存在问题，需要进行大刀阔斧的变革，这也是公司聘用我的原因所在。

第一次接受亚当·纽曼面试时，大约开始 10 分钟后，我告诉他："Meetup 的关键不在于增长，而在于扭转形势。如果我们不把重点放在这一方面，其他一切都谈不上。"任何具有挑战性的问题要想得到解决，第一步必须认识到问题所在并从自身内部寻找解决方法。

太多的公司自欺欺人地认为自己处于“增长模式”，而实际上他们最需要的是认真解决好自身面对的问题。务必力求务实。

以下几条可以告诉你如何知道自己处于非常具有挑战性的境地：

- 当你的员工快速“逃离”，那些留下来的人都在想，他们留在那里是不是有问题时。
- 当对优先事项和功能的争论无休无止，导致每个产品的发布都要耗掉原本需要的十倍时间时。
- 当你的净推荐值①为负时。
- 当许多员工宁愿从事那些能激发他们激情或职业兴趣但与公司主业并不相干的项目，而不是那些能推动公司发展的主业项目时。
- 当你需要每年增加近50%的客户，以弥补流失的近一半客户群时。

我2018年10月加入Meetup时，上述几条好像是为Meetup量身定做的。

我很想一次解决所有问题。WeWork当然希望我这么做。为了给人留下深刻的第一印象，我给自己施加了巨大压力。但在我职业生涯的早期走得太快了，因此摔得很惨，我从中明白了那句老话的道理：“要想走快，先得走稳。”而且，我敢说，如果我一开始表现得十分鲁莽，就没有机会赢得Meetup员工的尊重。Meetup在被

---

① 净推荐值，又称净促进者得分，亦可称口碑，是一种计量某个客户将会向其他人推荐某个企业或服务可能性的指数。它是最流行的顾客忠诚度分析指标，专注于顾客口碑如何影响企业成长。通过密切跟踪净推荐值，企业可以让自己更加成功。——译者注

WeWork 收购后的前 9 个月里，进行了一场 WeWork 风格的招聘狂欢。2018 年一年的时间，公司就雇用了 170 多人，有 13 名全职招聘人员，花费了 100 多万美元的猎头费。公司已经膨胀到有 250 名员工，我需要在最大程度上与员工建立起信任关系。

因此，我把注意力集中在应对最紧迫的挑战和需要迅速做出的关键决策上。领导一家公司的前 30 天就像一盘国际象棋的开局。你最初的 5 到 6 步将决定棋局的后续步骤，所以要确保别走错。

在你任职的最初的 30 天里，也可能需要做出类似的决策。

挑战 2　上任后多久做出重大人事变动？

我见识了高管团队，正如 WeWork 和斯科特郑重提醒的那样，我也觉得他们不适合在公司当领导。如果我变革得太快，可能会失去员工的信任，但如果我任由一个无效的团队碌碌无为，公司将会继续衰败下去。

决策 2　迅速引进你信任的顶尖人才

你需要引进你信任的顶尖人才，而且要非常迅速。

事实上，我告诉 WeWork 我需要引进两个我信任的人，他们需要近日就来公司，和我开始工作的日期同步。由于 WeWork 不太关注成本，他们同意了。我想引进的两个人来参加 Meetup 人力资源主管的面试，直接收到了录用通知。这并不是说他们无须证明自己，我和他们每个人都共事了 3 年，这远比 30 分钟的面谈（或者 26 次额外的面试）更重要。现在他们已经和我们在一起工作 3 年了，其他人也认同他们是出色的同事和领导。

在接下来的几个月里，我开始与其他几十名 Meetup 员工建立起信任关系，但仅仅引进这两个人就让事态发生了巨大转机。我总是说，如果我雇用了一名高管，而他没把和他一起工作过的同事一同带过来，那我就招错人了。伟大的领导者总会有一批追随者，领导去哪里工作他们就追随到哪里。例如，我引进了现在的首席技术官时，不到三个月，他就从他的圈子里雇用了三名到五名工程师来助力 Meetup 的成功。兵贵神速，因此，行动要快。

接下来，我开始“收拾”高管团队。为此，我向 WeWork 领导层征询意见，因为他们与 Meetup 的领导团队有实质性的往来。我问他们 Meetup 领导团队中哪些领导者能力强，哪些需要撤换。好消息是他们的意见非常统一，坏消息是他们的意见太统一了：大家一致认为，Meetup 的副总裁中只有一名值得保留。

虽然听起来很骇人，但我理解并尊重这一共识，因为正如我前面提到的，我自己也曾向 DoubleClick 的首席执行官凯文·瑞安提供过类似的反馈意见。

问题是，Meetup 是一家专注于建立社群联系的公司，斯科特创建了一个由 Meetup 员工组成的感情深厚、充满友爱和忠诚的社群，他们相互照顾、相互支持，这在我供职过的任何公司都不曾有过。这是一把双刃剑，既彰显了 Meetup 优秀的企业文化，同时也给公司发展带来巨大的挑战。解雇受员工爱戴的高管可能会给 Meetup 的员工社群带来裂痕，从而破坏整个生态体系。而那个要给员工社群带来裂痕的人只能是我。这可是给人留下第一印象的好方法，你说是不是？

为什么如此之多的领导者不适合自己的领导岗位，个中原因需要解释一下。在大多数由创始人领导的公司中，创始人雇用的领导者拥有的技能通常与创始人的技能互补。例如，如果一个创始人非常有想法，那么他手下的领导者通常是执行力强的一些人。创始人领导下的高管团队，其核心能力大部分在于补充创始人的优势和应对挑战的能力。当创始人的工作变动时，这些特定的品性和能力就不再具有价值，因为新任领导者通常具有与创始人不同的优势，会面临不同的挑战。我和斯科特之间就属于这种情况。斯科特在领导公司的某些领域表现出色，而这些领域是我的短板（例如，宣讲长期愿景），但我在人员管理和运营方面比斯科特更具优势。我的团队中需要的人与斯科特的现有团队完全不同。

需要改变领导团队的另一个原因涉及忠诚的心理基础。在领导岗位上的人几乎总是对雇用他们、给过他们机会的人最忠诚。当一个新的首席执行官在一个公司走马上任时（就像我在 Meetup），他推出的任何举措都会被高管们拿来与前任首席执行官比较。这不是一个健康的互动。举措需要根据其价值进行评估，而不是看是哪个首席执行官推出的。这往往会导致对新领导者的行为做出过度评价，也导致了前任首席执行官手下的高管和现任首席执行官新雇用的高管之间产生隔阂。我知道原有的管理团队即便不全部换掉，也得换掉大部分人。当然，我不能把所有人都解雇了。

在开始之前，我把斯科特、首席运营官及人力资源团队的副总裁召集在一起，请他们每个人对每个副总裁进行排名。我的想法是，如果他们三人一致认为有几个高管不适合领导岗位的话，调整起来就会很快，也更容易。幸运的是，有两三个副总裁一直在他们排出的名单中垫底，他们三人都说他们支持对这几个人采取迅速行动。

我想强调员工排名这种方法的重要性。我经常发现，如果你向经理询问员工们表现怎样，他们给出的反馈是 20% 的员工算得上超级明星，表现极其出色，30% 的员工表现很棒，而排名最后的 50% 能力也很强，做的工作也很重要。这种方法存在巨大的“分数膨胀”。所以，我不采用这种方法。我总是要求领导者对他们的团队进行打分排名。然后我会问，如果倒数的那两三个人退出，他们有何感受。几乎所有人都回答：“他们离开，我们没意见。”随之自然要问的问题是：“既然如此，你为什么不要求他们离开呢？”关于员工业绩反馈方面，打分排名是一个未被充分利用的工具，我鼓励所有领导者多去使用这个工具。解释一下，打分排名是一个简单的过程，只需根据员工表现是否达到预期给每个人打分，然后从高到低进行排名。“与预期相比”非常关键，因为这可以使领导者客观评估他们的团队，不受员工经验水平的影响。打分排名作用很大，工作尚未具体开展，我便可以迅速锁定哪些领导者可以相对较快地被撤换掉。

力求务实

在第一个月内，有两位高管几乎被公认为不适合继续留在领导岗位，因此我把他们打发走了。还有两个高管已经意识到我可能有意给他们调岗，所以主动要求离职，这样我的工作好干多了。我还设法让另外两个高管主动辞职。到第六个月时，第七个高管辞职，第八个高管被解雇。到年终时，原先的团队中只有一人留任，此人是公司的首席技术官，而他也很快辞职了。这听上去像是人事动荡，的确如此。但在决策过程中，我不能优先考虑团队中不合适工作岗位的那些人，反而忽视员工如何看待我从根本上改变了（有些人会说是破坏了）Meetup 的公司文化。

铭记吉姆·柯林斯在《从优秀到卓越》中写的那句话：“先考虑人，再考虑事。”在组建好合适的团队之前，先不要专注于战略和执行问题。你需要专注于雇用直接下属，同时赢得所有员工的信任。这两个优先事项经常相互矛盾，因为如果一个首席执行官不像对自己的现有团队那样对前任团队表现出同样的信任，这样的首席执行官如何能赢得员工的信任呢？这就引出了下一个关键挑战：如何取得员工信任。

挑战 3　如何快速取得员工的信任？

公司里没人认识我，我也不是来自脸书（Facebook）或爱彼迎（Airbnb）这样的顶级科技公司（虽然不合情理，但如果有这样的出身，可能会让我即刻获得信任）。

决策 3　火力全开

Meetup 的创始人斯科特·海弗曼在其中发挥了关键作用。许多员工信任他，如果他对我引进的领导者表现得热情，通过热情的传导效应，许多人就会很快信任我。他在一封发给全公司的电子邮件中写道：

重磅新闻！我们找到了一个真正的贤才，你们可以在美国东部时间今天中午见到他。

Meetup 现在需要的是这样一个人，他：

* 有非常系统的方法来关照我们的客户，扩大我们的客户和会员基数。

* 特别关注人力资源，有能力建立多个团队，促其通力合作。

*有在大公司工作的经验，确保独立子公司成功运营。

此人名叫戴维。和他一起共事，你就会明白他如何做到让公司从成功走向更加成功。他知道自己的职责所在，他不是软件工程师或用户界面设计师，而是一名组织设计 / 工程专家，专注于有条不紊地丰富 Meetup 的活动，增加 Meetup 的收入。我和他一起参加了 Meetup 组织的一个舞会，他全程展现出 Meetup 范儿，你会感觉到他的正直、真诚和睿智。

Meetup 首席执行官也是一份非常难做的差事，所以我请求大家张开双臂欢迎戴维，助其达到公司的高期待值，在他探索的过程中对他有耐心，尊重他要开展的工作：戴维来公司是为了让 Meetup 更加成功。“改变公司”是我们长期以来的核心价值观，因为这是任何有机体或组织蓬勃发展的方式，所以恳请大家开诚布公，拜托大家。

——海弗曼

联合创始人兼董事长

我发现这封邮件中令人印象深刻的是关于斯科特的那部分内容而非关于我的，所以我在附录中收录了完整的电子邮件，这样如果你不得不欢迎自己的继任者时，可以将它作为一个范本。斯科特是一位真正杰出的创始人，他一直以来并将永远让 Meetup 员工保持赤胆忠心。斯科特折射出强有力的领导者具备的一个重要品质：永保善良。

斯科特的邮件发出后，我在正式上任之前就开始采取赢得信任的举措。我写了一系列关于我的领导观的文章，并希望确保员工在我上任之前就可以了解我的领导风格。我让 Meetup 的人力资源主管在我被宣布为首席执行官之后、还未正式上任之前就把我的文章转发给所有员工。我还通过领英（LinkedIn）联系了数百名未曾谋面的新同事。许多人对我主动“联系群众”表示赞赏，并表示非常高兴能有机会了解新的领导观。这样做可以使员工在我正式上任之前就对我有所了解。我还安排人力资源主管在我上任第一天结束时为我和所有员工组织“茶话会”，这样我就可以尽可能多地了解他们。最后，我还要求人力资源主管安排一系列的“倾听会”，每次参加的员工不超过 30 人到 40 人，这样，通过 8 次会议，我就可以见完所有员工。通过控制人数，以小组的形式进行，员工和我可以有充足的机会直接对话，促使他们积极参与到活动中来。关键是：行动要快。

我以前参与过许多收购事务，那些经历对我现在很有帮助，因为我可以把自己看作刚被收购的公司，以这种方式来看待我的处境。在 1-800-Flowers.com. 收购其他公司后，我曾主导过一个战略工作流程。里德药店被一家私募股权公司收购后，我参加了与首席执行官互动的问答环节。尽管我从未经历过新旧首席执行官的交接，但我决定从我参与过的最重要的变革管理情形中汲取原则和经验，并将它们应用到当下的情形中——在很大程度上，这很有效。切记：心系员工。

挑战 4　如何确保领导权的清晰交接？

不仅仅是领导者本人的权力，还包括领导者的理念，也就是已经融入公司的理念。

我很欣赏斯科特处理权力移交的方式，但问题依然存在：他在未来会扮演什么角色？会不会妨碍我将自己的愿景和领导理念带入公司？

决策 4　尊重过去，但要迅速构想出你对未来的愿景

“创始人的遗产”是新领导面临的最困难的挑战之一，但你必须

与之一刀两断，建立起自己的一套体系。好在对之后改什么、马上改什么，我有一个很好的框架。任何直接影响员工日常体验的事情都要推迟。他们不太关心的事情就立即着手去改。例如，我很快调整了产品功能，有些取消了，有些保留下来，但我花了将近一年的时间才去改变公司的职责使命、愿景和价值观。

尽管我不确定斯科特对我们公司的未来会有多大帮助，但我非常尊重这位创始人所取得的成就。在很多方面，可以说 Meetup 就是他的宝贝孩子。我认为应该继续让他参与决策以确保公司的核心和灵魂不会丢掉，这一点至关重要。每一位领导者都应该真诚对待创始人，尽量使其更多地了解公司的情况，即便此举大部分原因是为了满足公司“尊重元老”的精神需求。过去做出的许多关键决策虽已成为历史，但背后都有创始人的影子，无可回避。所以，要永保善良，不能过河拆桥。

我想表达的是：尊重过去是为了做出更加明智的决策，增加更快实施组织变革的机会。在此过程中，我也学到了一些最佳做法，供那些接替公司创始人担任首席执行官的人士参考。

- **少即多：**公司如果在一段时间内业绩没有增长，投资者要求采取措施来改变局面，创始人通常会认为脱困之道是雇用更多的人，这样就有更多的增长机会。领导层变动后，员工规模往往会变得臃肿，使得公司很难更快运转。
- **引入新的领导者：**我接受职位的条件是我可以引入一些关键员工，他们和我同一天上任。一个新的领导者不能在每个岗位上都引入“自己人”，但将几个你信任的干将快速招致麾下可以产生巨大的影响。

- **利用过去对你有效的方法：**尽管这种方法可能并不适合你的新岗位，但采用你信任的流程并立即实施它们没有什么不妥。在投资百科网，每位高管每周都给所有公司经理发送电子邮件，报送“3+3”信息（3个进展顺利的项目信息，3个进展不顺利的项目信息）。我在Meetup的第一周，也将这一做法列入日程。如果有效，那就坚持做下去。模仿并不可耻。
- **速赢的力量：**接任者通常需要很长时间才能对公司产生重大影响，这令人沮丧。找几个可以快速见效的项目，这可以鼓舞士气，提升信心。在Meetup，我们在公司战略层面推动了极富成效的早期协作。在金融极度不稳定的时期，这激励了许多人。
- **起初之错在于继续谋求共识：**这个建议颇有争议，但我认为在最初的几个月里，深入倾听、学习，通过更大的共识来进行管理是很重要的。我犯的错误在于，在Meetup开展工作几个月后，我任由这种情况又持续了9个月，没有及时转向“指挥”模式。
- **摒弃“我们已经尝试过了”或“我们总是这样做”之类的心态：**总会有很多人唱反调。倾听，但不要让它阻止你的行动。从过去的错误中吸取教训，但要敢于“亮剑”，尤其是如果对前任领导者的执行能力有所怀疑的话。
- **快速改掉坏习惯：**新领导的主要工作之一就是了解公司的坏习惯。每个公司都有坏习惯，而公司员工往往“不识坏习惯真面目，只缘身在坏习惯中”。找出这些坏习惯并彻底改掉它们。Meetup的领导层经常开会迟到，而且会议没有议程。这些都是坏习惯，我们需要尽快改掉。
- **与创始人保持密切联系并支持创始人：**努力维持与创始人的关系。这往往很难，有时甚至是不可能的。但要认识到，创始人是公司的核心和灵魂，他们可以以很多方式继续为公司作出贡献。利用创始人的能量来推动成功。尝试总是值得的。

在与数十位创始人共事后，我发现他们具有一些相似的特质。

创始人倾向于凭直觉，而不是利用数据做决定。原因不言自明：创始人最初是基于直觉来开创事业并取得了成功，正是因为凭直觉做出的决策可以带来成功才使得他们觉得直觉比数据更有价值。新任首席执行官上任后，一定要优先考虑数据驱动的决策。

创始人几乎普遍会有他们中意的项目，以及培养和支持多年的骨干员工，但如今这些项目和员工成了公司发展的障碍。这种盲目的忠诚会对创始人起到重要作用。他们认同创始人，对其无限忠诚。找到这些员工，确保他们或创始人中意的项目能为公司带来真正的价值。为了提高公司业绩，你可能需要裁减创始人特别重视的部分业务。做对企业有益的事情。

创始人往往缺乏条理，反感流程，也通常不太关注公司的商业性。这三种倾向在公司成立初期不失为公司成功的促成因素，但随着公司规模的扩大，严重掣肘公司的成功。新的领导者必须建立流程化管理，更加关注收入和利润，同时确保持续快速地推出更好的产品，给用户带来更好的体验。

尽管在生活的各个方面一概而论都是非常危险的，但新领导有责任立即解决这些问题，因为它们对需要改良的公司 DNA[①] 构成了

① 公司 DNA 也称企业 DNA，关于“企业 DNA”的说辞，最早是由美国管理大师、密西根大学商学院教授诺埃尔·蒂奇提出的，他把企业比喻为一种活的非自然生物体，与生物一样有自己的遗传基因。正是这个基因，决定了企业的基本稳定形态和发展乃至变异的种种特征。根据企业 DNA 的不同特征，加里·尼尔逊等人把企业 DNA 分成了 7 类：韧力调节型企业、随机应变型企业、军队型企业、消极进取型企业、时停时进型企业、过度膨胀型企业、过度管理型企业。其中，前 3 类企业被认为是健康的企业 DNA，后 4 种被视为不健康的企业 DNA。——译者注

系统性挑战。

按照吉姆·柯林斯的建议，解决了“人”的问题，接下来该解决“事”了，也就是我们的战略和实施事宜。

挑战 5　如何拯救一艘下沉之舰？

在接下来的 12 个月里，看势头，Meetup 的亏损额可能会达到 2 000 万美元。

决策 5　直面现实

在上任之前，我向 WeWork 索要了一份 Meetup 的财务报表。其实说震惊有点太保守了。我从未见过像 Meetup 这样规模的公司财务状况如此糟糕的，根本没有收入增长，从原来虽无盈余但也无亏损到如今已经亏损了数千万美元。客户在以超乎寻常的速度流失。真是一团糟。但在 Meetup，就不用大惊小怪了。

最糟糕的是，在 WeWork 的领导下，Meetup 大肆招兵买马，员工数量比前一年增加了一倍多。大多数公司围绕改善用户体验、增加新用户等来设定关键指标。Meetup 的一个关键指标实际上超过了招聘目标。WeWork 设定的目标实质上变成了尽可能多雇用人，继续扩大公司的亏损。所有这些员工的表现都无关紧要，我们还是把工作重心放在继续招人上吧！简直是精神错乱。Meetup 没有市场部，但人力资源部有 20 名员工。

Meetup 似乎是一家以服务自身为首要任务的公司：举办假日聚会要花费超过 10 万美元，4 美元的椰子水到处都是，每周四晚上都在屋顶上聚会，员工报销的项目与工作完全不相关（自行车头盔、歌唱课程等）。显然，如果我想让公司自给自足，就得当那个偷走员工乐趣的败兴鬼，瞧我多“幸运”。领导者的职责是在公司、公司客户及员工的最佳利益之间找到平衡点。平衡的方法不一，但是Meetup把精力过多用于维护员工的最佳利益，而不是专注于如何才能成为一家高效的、可持续发展的公司。

更糟糕的是，WeWork似乎对亏损一点都不在乎——当然，这不是没有原因的。母公司亏损高达30亿美元，谁会在乎这区区2 000万美元的损失呢？连个零头都不够。WeWork只关心如何找到一条可以让Meetup的收入翻上百倍的途径，并希望我成为那个创造奇迹的魔术师。然而，我入行时间也不短了，也犯过亏损加剧的错误，所以我不认同WeWork传递出的信息，即Meetup的亏损并不重要。相反，我认为Meetup的亏损后果非常严重，如果不尽快解决这些问题，Meetup将会陷入严重的困境。

作为一名领导，重要的是知道什么状况不可持续，并迅速解决这种状况。就我遇到的情况而言，问题不在于WeWork究竟是否关心Meetup的亏损。我知道他们总会在乎的，尽管他们信誓旦旦地说不在乎，但这只不过是个时间问题。我还发现，专注于大量招聘员工及激发员工兴趣严重分散了打造优秀产品的精力。公司运行拖拖拉拉，有太多的人打着自己的小算盘，太多的人需要参与决策，太多的人如果不首先征求他们的意见，感情就会受到伤害。这太以员工为中心了！

对一个从大学毕业以人力资源工作起步的人而言，这种情况太难应对了。我非常认同员工活性化。在投资百科网，我们之所以能够成功就是因为员工在公司发展过程中感受到的那种巨大推力。我曾经认为，以员工为中心就像巧克力：你永远不会嫌多。

然而，一个领导能做的最重要的事情之一，除了建立正确的高管团队，就是确保公司的资源用在该用的地方。负责开发优秀产品、营销优秀产品的人员应该占团队的大多数，而负责促进人际交流的那些“联络”岗位应该占比很少。“联络”岗位不能创造价值，其作用在于弥补他人能力的不足。负责产品开发和营销的员工最好有很强的沟通能力，那样就根本不需要设立联络岗了。很多例子表明，Meetup 没有把钱花在高投资回报率的机会上，而是用来补偿员工应对特定挑战。还有一些岗位是应 WeWork 的要求设立的，而这些岗位没有为我们的客户创造任何价值。这两个问题都需要解决。

公司的投资方向和领域也存在巨大缺陷，我需要裁掉一些项目和人员，以降低总成本、增加利润，并确保各部门正确分配资源。我知道这不可能一蹴而就，而是一个漫长的过程，但就像任何需要经过漫长的过程才能解决的事情一样，越早动手越好，从第一天就开始。

挑战 6　为公司制定新战略的最好方法是什么？

我需要尽快为公司制定战略，不然，员工会不耐烦，心里会不踏实。WeWork 聘请我带领公司走向新的方向。我应该快速起草一个（可能会忙中出错）策略，还是等我得到更多的信息再说？

决策 6　迅速让员工知悉新的方向（兵贵神速）

我告诉 WeWork，虽然我在 2018 年 10 月 29 日才正式上任，但我需要提前一周“秘密开始”工作，为走马上任的第一天做好准备。我要利用这一周与主要高管会面，了解公司面临的挑战，并走个流程（不是制订计划，而是走流程），确保所有员工都能参与到公司战略的制定中。对我来说，更重要的是让员工都有主人翁精神，受到激励，而不是去实际制定出“正确的战略”。我知道，要真正确定正确的方向可能需要一年，这么长的时间周期无论 WeWork 还是 Meetup 的员工肯定都接受不了，我需要一个“占位符”式的计划来安抚各方。谁说得准呢？也许我们很幸运，“占位符”式计划正好就是公司的正确方向，但最有可能的是，我们没有这么幸运（注：我们确实没有那么幸运，而且大错特错了，但它确实有助于我们在 18 个月后制定出正确的战略）。当然，什么都不做也是一种决策，但肯定是错误的决策。

在正式走马上任前的这一周，我与 Meetup 的领导团队就公司面临的最重大问题进行了沟通。我无意于自己寻求解决方案，而是利用所有员工的集体智慧。我们创建了以下 7 个战略工作流，每 8 到 12 名员工负责解决以下挑战中的一个：

1. 招募 Meetup 活动组织者
2. 与 Meetup 群组成员互动
3. 推动活动组织者“留任”
4. 评估新的商业模式
5. 树立 Meetup 品牌
6.（WeWork）与 Meetup 更好地协作
7. 聚焦优先事项

在我正式开始工作的前两周，每个工作流小组每天召开一次会议，推荐具体的解决方案。我现在得以“屠宰”（废除）Meetup 业已存在的许多“圣牛”（神圣不可改变的制度），要知道，公司的战略不是由我来决定的，而是由员工直接推荐，作为工作流程的产出。

例如，其中一个工作流小组提出一个问题：“我们的关注面太宽了。哪些方面需要放弃以确保在优先领域取得成功？”Meetup 有几个好几十人的团队在做一些毫无进展的项目，前首席执行官没能毙掉这些项目，几乎每个员工都痛苦地发现，继续在公司的三个领域花费时间和精力毫无意义：一是开发一个名为 Meetup Now 的全新应用程序；二是确保 WeWork 的办公空间使用符合 Meetup 组织者的需求（这是收购的整个初始前提！）；三是助力大型活动，促使组织者相互见面（这让公司耗资数百万美元）。这个工作流团队建议把上述三个领域全部毙掉。全公司有将近 20% 的员工耗在这三个项目上。这个建议如果是我自己提出来的，要花好几个月才能做出决策，绝不可能这么快就获得员工的认同。然而，由于这些强有力的建议是“专项工作流”提出的，公司上会后，我们做出决策的速度就快了很多，这几个存续多年的项目被砍掉了。事实证明，每个工作流都高瞻远瞩，在未来的几周和几个月里推动公司确定了更好的优先事项。直到今天，我还总能听到那些自愿加入我们战略工作流的员工说，这是他们在 Meetup 最好的职业经历之一。这个流程非常有效，后来我又多次使用战略工作流，包括让公司走出疫情的深渊。

虽然有些人可能主张做出关键的战略决策需要从长计议，但实际上采取行动是最好的学习方式。我们需要学习，以便不断完善我们的战略。因此，宜尽早采取行动并从行动中得到经验和教训。

但是，你不能“脱离群众”，只是和高管们围坐在一起便决定采取行动，必须让公司里的每个员工都知道你在做什么，以及为什么这样做。必须把员工参与放在首位而不是单独做出决定。切记：心系员工。

挑战 7 如何传达艰难的决定？

今天是第一天。我需要和所有员工谈话，第一印象非常关键。

决策 7 交流时专注于你的领导理念

专注于你的领导理念，而不是打算如何改变公司的那些细节。

在谈话开始之前，我做了大量的准备工作。那几天我和几个骨干高管待在一起，聘用了两位值得信赖的前同事，规划了 7 个战略工作流程，准备好召开“倾听会”，并在第一天组织了“结识首席执行官”派对。一切准备工作就绪，现在大幕就要拉开了。

上午 10 点，公司召开全体会议，把我介绍给大家。我决定不谈公司战略，也不谈我希望 Meetup 成为什么样的公司。成为什么样的公司我自己还不知道呢！作为一名首席执行官，我列出了对我来说最重要的 10 条原则。我想更多关注文化建设。我的 10 条原则是：

1. 支持、推动团队
2. 学习
3. 数据说话
4. 多元包容的文化
5. 问责
6. 绩效驱动的文化

7. 收入

8. 工作重心

9. 透明度

10. 情商比智商更重要

这些原则都与 Meetup 的未来息息相关。在未来的几个月和几年里，我会不断提醒员工。

特别有争议的只有第七条：收入。Meetup 的员工们认为他们来 Meetup 不是为了给公司增加收入，在他们眼中，增加收入是邪恶的资本主义公司所为。Meetup 的使命是让世界变得更加美好。我很快意识到 Meetup 有一种将使命放在第一位的非营利思维，但不知何故还认为营利与使命是对立的。正如阿特·布奇沃德（Art Buchwald）[①] 在谈到加里·特鲁多（Garry Trudeau）[②] 时所说的那样，他们不明白，盈利与公益可以并行不悖。

事实上，只有获得了收入才能最终推动使命的完成。我在第一年大概重复了一百次“收入是我们使命的供氧机”这句话。一些员工非常反对以盈利为目的，认为这样很不健康。我帮助许多员工认识到收入的重要性：我们的收入越多，就可以投入越多，从而带来更好的客户体验；随之，我们的成员就会越来越多，对世界产生的影响就会越来越大。

但说服工作太难做了，真的太难了。许多员工一心只想在工作

---

① 阿特·布奇沃德（亚瑟）（Art Buchwald，1925—），美国新闻记者和政治讽刺作家。他所撰写的报纸专栏文章，对政治人物极尽讽刺之能事，于 1982 年获得普利策奖。——译者注

② 加里·特鲁多（Garry Trudeau）是一个编剧、制作人、导演、摄影，制作过《杜斯别里家族》《唐纳 1988》等影片。——译者注

中获得乐趣，只想了解 Meetup 对社群产生了多大的影响力，但对建立可持续的商业模式提不起兴趣。这部分员工选择离开公司。事实上，员工们开始成群结队地离开。我以前工作过的公司里从来没有这么多员工选择离职。人们开始在 Glassdoor[①] 平台上发帖，痛斥新首席执行官只关心收入和利润，正在摧毁公司文化。我不得不厚着脸皮面对这样的局面：大约一半的员工支持我，另一半的员工说我坏话。我知道，我正在推动的文化变革不会那么顺畅，肯定会掀起狂风巨浪。我只是希望我不要被巨浪吞噬。你的所为要有益于企业。

有趣的是，作为首席执行官，在我的个人支持率跌至谷底时，公司的收入却开始增长，先是个位数，然后是两位数，公司数千万美元的亏损状况得到显著改善。随着越来越多的员工离开，那些留下来的员工开始关心公司收入，因为他们真正相信收入是我们使命的供氧机。

我没有动摇，没有妥协，哪怕成了孤家寡人也泰然处之，因为我毫不怀疑收入对公司的重要性。

领导者之所以做出错误的决策更多是因为软弱，或者屈从于团队的意愿。如果一个领导者对某事非常有把握，那么他就应该推进这个决策。如果你绝对确信你的决策正确，就无须瞻前顾后，而是给大家摆出决策的背景和理由，然后大胆做出决策。公司付你工资就是要你做决策的，而不是进行民主管理。做决策乃你的职责所在。

总的来说，我在前 30 天做了很多决策。以下是我的心得。开始时，你总想多头出击，但一定要抑制住你的冲动，稳扎稳打，集中火力应对最重要的挑战。

---

① Glassdoor 是美国的一家做企业点评与职位搜索的职场社群。——译者注

把你信任的、具有变革管理思维的高管招致麾下。拥有合适的团队才能确保制定出正确的战略并加以执行。

与员工建立起信任关系。花时间去了解员工，也让员工了解你。

根据你的愿景来领导公司。虽然尊重公司的传统很重要，但也不妨打破一些传统。

直面财务问题。如果你领导的公司持续亏损，像个无底洞，你在领导的位子上待不了多久。

与公司管理层合作制定战略。他们会感觉责任更大，从而积极献言献策。

战略始于你对公司文化的具体态度和你的领导哲学。以战略为基点，你可以进而解决具体的挑战。

第四章 接下来的六十天

04

找到新岗位的立足点后，你必须在接下来的 60 天与你的上下级打交道，从计划转向执行，让公司有一个更好的立足点。

我上任的第一个月压力非常大，比我预期的要困难得多。我过去进入新公司时，新团队通常会立即接纳我、信任我。Meetup 的情况大不一样，我根本不被信任，原因有三：一是我是 WeWork 雇来的；二是我不是来自脸书或爱彼迎这样的顶级科技公司；三是 Meetup 的员工普遍非常不信任领导者，也不认同公司应该注重收入增长。

这家公司善待员工的程度让我印象深刻，但我觉得这种近乎宠溺的善待是不负责任的。我非常认同鼓舞员工士气、赋权团队、成就员工职业生涯非常重要，我也几乎是高管团队中最以员工为本的。但在 Meetup，一切做得太过了，Meetup 的文化是优先考虑员工利益而非客户利益。在我的职业生涯中，我从未见过任何公司如此过分地宠溺员工，而且还煞有介事地认为这对鼓舞员工士气非常重要。

这与员工极其强烈的使命感极不合拍，当然，这不怪员工，责任在于那些缺乏经验的经理和领导者。他们认为自己的主要工作是提高员工满意度，而不是创造良好的产品体验。我决定打电话给另一位首席执行官，他应对过同样的挑战，经过坚持不懈的努力，扭转了公司的文化。

乔希·西尔弗曼（Josh Silverman）是 Etsy 的首席执行官，Etsy

很大程度上是一家使命驱动的公司，一直受到非常不健康的公司文化的困扰，这在一定程度上与公司更多重视员工福利和士气而非重要的商业决策和客户体验有关。我知道这一点，因为 Meetup 的许多员工曾在 Etsy 工作过，也有不少员工从 Meetup 跳槽到 Etsy。乔希承认 Etsy 也曾面临类似的挑战。他告诉我，他通过采取两项重要行动来修复文化：第一项是关于透明度的，他告诉他的团队，如果他们的动机是更高的使命，那么他们自私的行为与助力实现这一使命直接冲突。他没有缩手缩脚，而是诚实而直接地传达了信息；第二项是经过精心甄别，他清退了那些谋求"以我为先"文化的员工，这种文化认为收入和公司业绩有悖于实现更高的公司目标。Etsy 扭转了公司文化，日后得以蒸蒸日上。我相信在 Meetup 也可以采取同样的举措。

扭转公司文化需要一段时间，但几乎所有公司现在都意识到了使命激励的力量。求职者，尤其是千禧一代，越来越倾向于到使命驱动的机构工作。公司拥有崇高使命非常重要，许多公司都投入时间和精力强力打造自己的使命誓词。一个包装公司真的能拯救环境吗？一个灯泡公司真的能改变我们对未来的想法吗？但是 Meetup 的使命和影响是真实的。有几十个治疗师曾当面告诉我，他们经常在开药之前开出"参加 Meetup 群组活动"的处方。我还听说 Meetup 挽救了许多人的生命，帮助许多人找到新工作，助力许多人缔结姻缘，甚至通过 Meetup 的数千个支持小组提供了救人生命的治疗建议。但是 Meetup 是不是过于受到使命驱动了？一个组织会不会过分受到使命驱动呢？

这两个问题的答案都是肯定的。

Meetup 的员工认同社群的力量，期望在服务数千万 Meetup 用户过程中深度促进个人成长，但员工的这种权利意识和高期待是我在职业生涯中从未见过的。我认为我的工作宗旨不是以牺牲公司利益为代价来让员工快乐，而是通过激发员工的积极性来取得实际的业务成果。我决定要做对企业有益的事，优先考虑公司的成功而非员工的士气。这是我第一次需要二者择一。过去，公司利益和员工士气是融为一体的。

即便员工不信任我，至少他们不会像诋毁 WeWork 那样鄙视我。在我上任之前，Meetup 进行了一项员工文化调查，询问员工对 WeWork 的看法。我从未见过员工对母公司如此深恶痛绝——尽管 WeWork 取悦员工，经常开展“鼓舞员工士气的活动”。我听说亚当 · 纽曼参加高管团队会议期间请一位 Meetup 高管和他一起喝龙舌兰酒。我还听说 WeWork 组织所有员工（包括 Meetup 的员工）乘飞机去外地参加类似弗莱（Fyre）音乐节的夏令营，一玩就是好几天。但夏令营里食物不够吃。移动厕所里的粪便到处都是，无人清理。WeWork 的“兄弟”文化被 Meetup 非常多元化的管理团队厌恶。

正如我通过首先淘汰最不称职的高管来整顿高管团队一样，我通过首先消除 WeWork 的影响来改变员工的态度，从消除 WeWork 对我的影响开始。着手做这些事情关乎 Meetup 的未来。

挑战 8　如何处理与母公司的关系？

决策 8　坦诚处理与母公司的关系，坦诚探讨哪些现实因素有助于公司成功

商业中最常见的谬误之一是“合并”这个概念。其实，根本没

有“合并”这回事：你要么是收购者，要么是被收购者。收购方获胜，可以对被收购的公司为所欲为。通常，宣布合并时是在委婉告诉你：“你归我们了。”WeWork 在收购 Meetup 时（我大约 11 个月之后加盟 Meetup），他们告诉员工这次收购是一次合并，但这并没有完全传达事情的真相。

让我感到震惊的是，公司往往不愿意向被收购的实体说出真相，例如，他们会委婉地说：“虽然我们合并在一起，但我们彼此平等相待；我们希望可以彼此学习，你们完全可以保持自己的身份和特有的文化。”可他们应该诚实、直白地说：“我们把你们收购了，为此我们花了血本。我们之间并不平等，你们归我们管。你们能从我们这里学到很多东西，我们希望你们能够改变自己的文化，这样你们就可以像我们一样取得成功。”

这才是 WeWork 如何看待 Meetup 的真实写照。

WeWork 为收购 Meetup 花费了 1.56 亿美元巨资，收购原因有如下几个：

1. WeWork 希望其办公空间产品与众不同，意在通过其办公空间建立起真正的社群空间。还有哪家公司比世界上最大的社群平台 Meetup 更适合构建社群空间呢？
2. WeWork 希望确保其估值倍数是一个“科技倍数”。也就是说，WeWork 希望通过展示自己是一家科技公司来证明其过高的估值是合理的，而 Meetup 可以提供佐证。
3. 因为亚当·纽曼想要这样做。

让我们反过来来梳理一下这个问题。亚当遇到了 Meetup 的创始人斯科特·海弗曼，两人很快就像创始人遇到创始人时经常出现的情形那样彼此热络起来。他们都有强烈的使命感，他们都相信人和聚集空间的力量能够极大改善人们的体验，他们都想让世界变得更加美好。虽然我对亚当·纽曼有些微词，但我丝毫不怀疑亚当相信他来到这个世界上是为了让这个世界变得更加美好，使人们得以与自己及他人建立起更加紧密的联系。斯科特也有类似的信仰体系。他们在见面后的几周内就已经开始讨论买、售事宜了。

虽然谈判进行得很艰难，但两位首席执行官都不要小孩子脾气，而是平和、稳妥地解决关键分歧。例如，在谈判过程中，当出现重大估值差异时，斯科特和亚当决定采用一种非常独特的方式来确定价格。斯科特知道亚当要去以色列，就送给他一件带 Meetup 标识的 T 恤，让他在以色列穿。斯科特告诉亚当，如果他穿着 Meetup 的 T 恤在特拉维夫待上一天，没有以色列人向亚当说起 Meetup 是一家非常了不起的公司，斯科特就答应亚当的要求。如果这不是解决亚当愿意支付的价格与斯科特愿意接受的价格之间差价的方法，那我真不知道什么才是。

结果，斯科特赢了。更值得注意的是，双方的估值大多基于彼此的说辞，而非真实的财务状况。从某种意义上说，他们最终都失败了：WeWork 的败笔在于支付的价格过高，而 Meetup 的败笔在于对自身的估值过高，“值”不副实。如前所述，要让数据说话。

在我参加面试的过程中，除了亚当，几乎所有 WeWork 高管都告诉我，他们反对收购 Meetup。我日后需要与之合作的几乎所有 WeWork 高管都认为收购 Meetup 是一个错误，只有 WeWork 的“老大”想要得到 Meetup。但既然亚当·纽曼是“老大”，那当然他说了算。亚当想得到 Meetup 就成功了。Meetup 是一家 Web 1.0 技术公司，在硅谷家喻户晓。再者，大多数风险投资者可能是通过参加 Meetup 活动认识创始人和合伙人的。Meetup 在技术界是个大品牌，亚当希望通过收购 Meetup 给 WeWork 贴上技术标签。那样，WeWork 就不仅仅是一个提供更宽敞、更时尚的共享工作空间的公司，还有康普茶供应；那样，WeWork 的估值就可以达到其最大竞争对手的 10 倍以上，因为它是一家“科技”公司。然而，问题是 WeWork 并不是一家科技公司。WeWork 的业务是租赁房地产，然后以高溢价转租。不过话又说回来，收购 Meetup 以使 WeWork 获得科技公司的名头，理由还是说得通的。

但此次收购最为重要的理由，也是双方均深信最具说服力的理由是 Meetup 组织者举办活动时经常需要寻找场所，而 WeWork 正在寻求在其空间内组织更多活动，以加深转租租户的社群纽带。此次收购将解决双方的核心需求，从而创造一种共生关系。

但事情不像构想的那样，以下是我根据所见对这种情况的解读。双方都很快意识到，收购 Meetup 的所有理由都不成立。超过 80% 的 Meetup 活动在晚上和周末举办，而在这个时间段 WeWork 的租户大部分都不在大楼里。Meetup 的活动时间与 WeWork 租户使用 WeWork 办公空间的时间完全错开了，因此 Meetup 无法为其组织活动。尽管 WeWork 的外租办公大楼在世界各地激增，但距离 WeWork 足够近、能够充分利用其空间的 Meetup 活动还不到 20%。最后一部分原因是，相当一部分的 Meetup 活动要么太大，无法在 WeWork 的会议室中开展——要么是体育和户外活动，无须 WeWork 的活动空间。坦率地说，WeWork 也不屑于开放其架空层举办夺旗橄榄球之类的活动。综合以上所有因素，时间、地点和类型都合适，可以利用 WeWork 的楼宇空间来举办的 Meetup 活动还不到 5%。

Meetup 的出售价格为 1.56 亿美元，价格如此之高是因为两家公司均认定并购后可以产生深远的协同效应（给不懂金融的读者科普一下：协同效应是公司用来描述公司通过收购增加收入或利润的方式，以证明高收购价的合理性。这是商业用语，相当于说“我们是为了生一个健康的孩子才走到一起的”。没人能确保生出的孩子是健康的）。斯科特不仅不能告诉亚当并购的前提就是错误的，而且 Meetup 投入了大量员工资源到项目中，将 WeWork 的空闲会议室与 Meetup 组织者的需求联系起来。Meetup 没有把精力放在帮助 95% 的会员上，而是把大部分精力都耗在帮助这一小部分人身上，以证明合并交易理由正当，沉没成本可以休矣。

担任首席执行官两个月后，我叫停了所谓的协同效应。这根本没用，之所以得以开展，只是因为 WeWork 没有力求务实，Meetup 不够坦诚相见。我不能犯同样的错误。

挑战 9　与母公司发生了利益冲突，怎么办？

当公司利益与董事会或公司所有者决策发生冲突时，你该怎么办？

作为首席执行官，你应该优先考虑母公司的需求还是你所经营的公司的需求？

决策 9　优先考虑你所经营的公司的需求

孩子的工作不是服侍父母，而是成为一个有能力的独立个体，对社会作出贡献。组织（organization）和有机体（organism）这两个词同根是有原因的，因为它们彼此独立又相互依存。Meetup 的工作不是服务于母公司，而是成为一个有能力的独立公司，对社会作出贡献。任何对此观点的背离都是一种曲解，让 Meetup 服务于 WeWork 的需求被证明是一种严重的曲解，应该放手让 Meetup 商海击水，尽其所能取得成功。做有益于企业的事情，这才符合 Meetup 和 WeWork 的最佳利益。

上任大约一个月后，我被安排给 WeWork 的前 100 名高管做“施政演说”，那是我的首秀。我竭力坦诚相见。我首先分享了对 Meetup 的看法，有好的方面，也有坏的方面，还有特别差的方面（大部分是坏的和特别差的）。结束时，我的幻灯片上展示了一个图像：一个人正在给自己戴氧气面罩。我告诉 WeWork 领导层，Meetup 不能总是满足 WeWork 的要求。Meetup 面临太多挑战，工作中心应该转移到如何应对这些挑战。就像飞机因引擎故障急速俯冲时，Meetup 必须像乘客那样，自己先戴上氧气面罩，然后才能帮助 WeWork 或其他人。这个类比起了作用，WeWork 明白了我的用意。从那时起，（大部分情况下）我被赋予了充分的自主权来顾及公司的需求，而不是完全听命于 WeWork。

很快，亚当·纽曼给我打来电话，我知道发出的信息已经传递到位。事实上，他为自己的“指手画脚”向我道歉了，因为他承诺过不会分散我领导 Meetup 的精力。以往他总是热衷参与别人的业务，但是他明白了我的意思，并且可圈可点的是，他尊重我的意愿。

站稳脚跟后，我开始探索如何才能调和 Meetup 和 WeWork 迥然不同的文化。

挑战 10　是融入母公司的文化，还是保持自身的独特文化？

决策 10　保持自身的独特文化

自从马尔科姆·格拉德威尔（Malcolm Gladwell）在《引爆点》（*The Tipping Point*）中带红了 150 定律（Rule of 150）[①] 以来，已经有很多研究证实了这一定律。该定律假定一个群组中一个人可以与之建立关系的最大人数是 150。亚马逊、脸书和大多数大型科技公司都倾向于鼓励他们收购的企业保持自己独特的文化。亚马逊收购扎珀斯（Zappos）时就是这样做的。但 WeWork 反其道而行，喜欢将自己的文化和价值观强加给每一个被收购的实体——除了在组织之间制造巨大的紧张关系，这种做法从未取得任何成功。

在我看来，WeWork 和 Meetup 的文化在任何可以想到的方面都是矛盾的：WeWork 快节奏，Meetup 却慢吞吞的；WeWork 以赚钱为中心，而 Meetup 以使命为导向；WeWork 闪亮如新，而 Meetup 老气过时；WeWork 矫揉造作，而 Meetup 保持本真。我不想再听到员工抱怨 WeWork，我也不想再听到最近对 WeWork 又有哪些吐槽。我不关心那些闲言碎语，最好我们的团队也不关心这些琐事。我明白了为什么有这么多员工深受 WeWork 文化和员工所为的影响。事实上，我们有一些工程师就是因此而辞职的。我们的精力应该放在打造伟大的产品上，而不是每周盯着媒体对 WeWork 做了哪些报道。

---

① 150 定律（Rule of 150），即著名的“邓巴数字”，由英国牛津大学的人类学家罗宾·邓巴（Robin Dunbar）在 20 世纪 90 年代提出。该定律根据猿猴的智力与社交网络推断出：人类的智力将允许人类拥有稳定社交网络的人数是 148 人，取整大约是 150 人。——译者注

从我上任后，WeWork 领导只到过我办公室一次。虽然亚当告诉我，他会每个月至少到访一次，但他一次都没来。老实说，这样挺好。我力图让公司完全屏蔽掉 WeWork 的那些闹剧。我原本可以做到，但那些闹剧太过夺人眼球，无法忽视。

虽说亚当·纽曼可能信守了诺言，但 WeWork 的政策和经常出现的负面新闻严重影响到 Meetup。因此，就像我必须“搞定”Meetup 的创始人一样，我还必须弄清如何“搞定”公司所有人。

挑战 11　回避还是亲近反复无常的领导者？

很多领导者都属于“最好与其保持距离”的那种。亚当就是这样的领导者，他完全可以单方面解雇我，虽然无视母公司的首席执行官可能并不明智。

决策 11　回避。能回避尽可能回避

朋友们经常问我，和亚当一起工作是什么体验，我通常给出的回答是他就是一阵“旋风”。亚当比媒体描述的风力更大，但也比记者认为的更有灵魂、更有使命感、更注重影响力。亚当在几乎所有的事情上都极其固执己见，这源于他的一个深刻信念——他来到世上是为了改变世界。

我第一次见到亚当是在 2013 年，当时 WeWork 只有几栋大楼，但其梦想非常宏大。最初是迈克尔·艾森伯格把我引荐给亚当的，迈克尔·艾森伯格是寻找阿尔法的最大外部投资者，而我在寻找阿尔法担任总裁。迈克尔邀请亚当与寻找阿尔法的董事会和执行团队

进行交流。我被亚当迷住了，记得当时我在想，如果将来有机会一定为这样的人工作。你见亚当第一面时，他或者让你称奇，或者拒人千里，这在筹集投资者资金方面称得上是一种颇具价值的能力，因为如此一来，要么你筹到了钱，高兴而回，要么虽然怅然而去，却节省了很多时间。

亚当认为与他的任何会面都是他在抬举你。例如，我任职几个月后，亚当要我和他一起乘坐私人飞机出行，第二天从纽约飞往旧金山。他告诉我，等飞行结束时，我们可以敲定 Meetup 的战略，在抵达旧金山后，我再飞回纽约。我对在晚上 11 点到早上 5 点之间敲定一个策略毫无兴趣。其实我早上效率更高，像大多数人一样，在夜里那段时间，我脑子不够灵活。但显然亚当在那个时间段思维非常活跃。我期望能有亚当那样的本领，尤其是和他在一起时，好多事我都不会感到惊讶了。碰巧，我有一个合理的借口，我需要陪我的一个孩子去医院，就告诉他很遗憾不能和他一起前往。

亚当似乎感觉我有点不识抬举，为此十分恼火，他甚至提出可以更改出行时间。他劈头盖脸地对我说，没有人会拒绝和他单独相处 6 个小时的机会。他越说越气："如果巴拉克·奥巴马提出与你一起出行，飞机上一对一交谈，你会拒绝吗？人们愿意花费数 10 万美元来获得与我一起飞行的机会。"他告诉我，我必须加入他，以确保议事效率。我再次拒绝了。这对我没有好处，还可能会搞乱 Meetup 的战略进程。那次小插曲之后，我从宠儿变成了弃儿——事实上，我更喜欢不当红人。飞得离太阳太近会让你严重烧伤。对我来说，收获不抵痛苦。

初涉职场时，我很害怕失去领导的赏识。但是，一旦你除了干好目前的工作没有任何其他的升迁奢望时，失去领导的赏识反而成全了你，它使你可以尽可以按照自己的风格领导公司，不用为了迁就他人而牺牲自己的价值观。我曾认为担任 Meetup 的首席执行官是我职业生涯的终点，除了确保这家心仪的公司蒸蒸日上，我没有任何其他追求。

如果更多的领导者能够足够自信，相信按照自己的领导方式放手去干也不会失去什么，我相信他们能干得更好。至少我知道，如果我足够自信，不让个人抱负影响到英明决策，我肯定是一个更加出色的领导者。

挑战 12　在多大程度上信任母公司或董事会的决策？

你应该在多大程度上信任母公司或董事会确定的决策？我需要决定是否信任 WeWork，要知道，他们不关心 Meetup 的巨额亏损。

决策 12　力求务实，着眼长远

永远不要相信任何缺乏财务问责、只优先考虑短期需求的发展方向。优秀的领导者要知道，在财务问题上必须力求务实，在优先事项上必须着眼长远。

我们的收入增长目标很棘手。亚当·纽曼曾告诉我，他预计 Meetup 将在 5 年内实现 10 亿美元的营收。18 年过去了，Meetup 的营收才达到大约 3 500 万美元。从增长乏力到现在达到每年营收翻一番以上的预期，这样的财务电子报表看起来相当不错。虽然这样的推演无聊至极，但上千年来成千上万的首席执行官乐此不疲，我们也只好硬着头皮为亚当攒出了一个毫无现实基础的 5 年计划。

WeWork 实际上需要两种财务模型:“亚当”模型和基于现实的模型。我们给亚当制定的是“亚当”模型，向他展示如果那些异想天开的假设成真，我们的营收就可达到 10 亿美元。事实上那些假设很少能真正变成现实，就像 WeWork 实际上很难完成其提升世界意识的使命一样。我们还制定了一个更为现实的模型。这需要很强的杂要式的技艺：在见到亚当时，我们就拿出“亚当”模型；在见到 WeWork 其他高管时，我们便使用现实模型。亚当相信类似于西奥多·赫茨尔（Theodor Herzl）所说的关于以色列建国的话:“如果你愿意，这并不是梦。”亚当从根本上相信，而且他看到的成功案例加强了这一信念——如果你真的相信你能做到，不管你的梦想多么异想天开，最终都能实现。因此，首席执行官的工作就是怀有远大的梦想。虽然我很钦佩这种雄心壮志，但其产生的负面效应是巨大的，因为它是现实规划和财务预测的绊脚石，就像从摩天大楼上跳下时认为一个人可以在坠落的过程中学会飞行一样。如果我不能与亚当坦诚相见，就必须和 WeWork 的其他高管开门见山。

在做决策时，很容易发生这样的情况：听取了经理或董事会的意见后不加甄别，开始盲从，按照他们的建议优先考虑利润或继续对一家公司进行重大且未经证实的投资。我被聘用后，WeWork 的高管们信誓旦旦地说他们不担心 Meetup 的亏损。这点我相信，事实上，他们没有理由担心这点损失，因为其占比还不到 WeWork 巨额损失的 1%。然而，WeWork 通过投资实现了巨大的收入增长，而 Meetup 多年来没有任何真正的增长。事实上，Meetup 唯一增长的是领工资的员工人数和不断增加的亏损。

就个人而言，我喜欢投资企业。当我接任投资百科网首席执行官时，我把公司的利润留存从每年 400 万美元缩减到每年 100 万美元，3 年内将投资转化为公司营收的 3 倍，公司利润显著增长。投资百科网被出售后，新的母公司撤回了所有投资，但那时公司的利润已经飙升至 1 000 多万美元。反观 Meetup，其决策不是投资，而是大量雇用员工，其结果是创造了一个人浮于事的环境，没人确切知道工作的重心是什么，公司的产品开发周期也变长了，就像厨房里大厨太多反而会误事。大量招兵买马无济于事。为了更好地向用户交付优秀的产品，我首先需要降低成本、裁减人员。其次，我也非常担心自己没有从过去（在里德药店和每日健康工作期间）吸取教训，做到不大惊小怪、泰然处之。WeWork 势必会改变发展路线，将利润作为驱动因素。事实上，WeWork 投资组合公司的首席执行官们和我聚在一起时，我们自问的不是 WeWork 躺赚的时代是否会结束，而是何时结束。我们知道他们不注重利润只是短期行为，而我的同事们普遍认为，还是顺其自然吧，能躺赚时就先享受财务自由。

我力求务实。所谓的财务自由和不断膨胀的员工数量使得 Meetup 设立了许多毫无意义的工作岗位。戴维·格雷伯（David Graeber）写了一本很棒的书《毫无意义的工作》（*Bullshit Jobs*），认为超过一半的社会工作和公司工作都是毫无意义的。根据我的经验，工作有两种类型：工程、产品管理、客户支持、销售和营销方面的工作都是实实在在的工作，这些岗位上的员工担负创造、销售和营销产品的重任。财务、法务、人力资源、项目管理和直线管理等岗位上的员工主要负责最小化风险、促进人与人之间的沟通，以及帮助指导和激励团队。虽然这些工作也非常重要，但并不直接影响业务，性质上有点像首席执行官的角色。实话实说，我干的是第二种类型的工作，属于“日常开销”。在一个完美运行的组织中，不需要首席执行官或其他并不直接影响业务的员工。引用政治竞选中常用的一句话，“管理的最高境界是最终不再需要你来管理”。当然，你需要一位首席执行官来处置公司摩擦，但一家公司应该将绝大多数资源用在雇佣直接影响产品及其用户的人员上，而不是用在那些不创造价值的毫无意义的工作岗位上。Meetup 设立了太多的毫无意义的工作岗位。

毫无意义的工作岗位的设立和存续出于多种原因，但主要原因有如下三个，领导者有责任发现并清除这些岗位。

- **规避风险：**诚然，公司组建自己的法务团队、人力资源团队、技术安全专家团队和公关危机经理团队，把下跌风险降至最低，这对一家公司来说非常重要。但是，这类岗位的员工通常太多，没有把重点放在雇用促进公司效益直接增长的人员上。最大限度降低风险的岗位最好留给顾问来做，需要时就请他们介入，无须全职雇用。
- **沟通不畅：**对领导和经理不善沟通的公司来说，解决之道不是雇用一名全职沟通经理（像 Meetup 那样），而是确保公司领导能够进行有效沟通。领导者需要检查组织中设立了哪些主责是弥补他人能力不足的岗位。
- **提职留人：**公司通常出于良好的意愿，希望提供更多的管理岗来留住最优秀的员工。然而，设立一个经理职位，手下只有一两个人，此举效率极为低下（除非出于锻炼优秀员工的目的，以便使其尽快能够担负起管理更多员工的责任，或者是为了提供一个特定的指导机会）。公司新设这些岗位来留住员工，但同时也会导致层级过多，管理低效。

大量不直接创造产品或营收的岗位削弱了公司的效益增长，无助于公司业务目标的完成。这类岗位的人员不得不自己给自己找活干，结果往往会掣肘一线人员。不管会对这些人造成多少损失，本着做对企业有益的事的原则，我们必须裁掉这些人。

但是，裁员确实是现实问题。我需要从我以前担任每日健康总经理的经历中吸取教训，不能再犯 10 年前犯过的同样严重的错误。

每日健康是美国第二大健康和保健出版商（仅位于 WebMD 之后）。公司聘用我扩展一个新的收入来源，将公司的 3 000 万用户与当地的医疗保健提供商——医生、医院等建立起联系。我加盟每日健康时，还被告知该公司处于投资模式。损失并不算什么，公司对我的期望是收购公司和建立团队，不用太多顾及成本，把主要精力放在确保收入增长上。听起来熟悉吗？如果似曾耳闻，那是因为数以千计的科技公司在上市前都是这个套路，他们将收入增长信心满满地定在 50% 以上，旨在以此证明其超高估值是合理的。18 个月内，从零起步，我招聘了 150 名员工。我们真的开始有了收入来源，然后公司决定上市。计划赶不上变化。我被告知需要削减成本，尽快让业务盈利。这是一个 180 度的大转弯（为什么称之为 360 度大转弯这个说法毫无意义，因为如果是 360 度，那么你又回到了起点，只是在兜圈子）。团队中的大部分人都得离开，我被要求整理出一份裁员名单，我把自己的名字也列了上去。

在 Meetup 我不会再犯同样的错误，况且，我也不用在财务方面承担任何责任。跟 WeWork 算总账的日子就要到来，而且很快就会到来——我知道斗争将会非常激烈。要尽快削减成本，把 Meetup 从 WeWork 的刀下救出。有时候“经验”极富价值，此次就是这样。

快速裁员面临很多挑战。我上任没多久，裁员将摧毁我在第一个月里建立起的任何信任关系。而且，已经进入 12 月，马上就要过节了，人力资源部门的金科玉律是：永远不要在假期前裁员。此次也将是 Meetup 连续第二年在 12 月裁员，这样下去很可能会形成 12 月裁员的惯例。

裁员对员工完全不合情理——管理层在预测成本方面做得糟糕，这又不是员工的错。Meetup 的员工一心想着创建一个伟大的公司，但如今他们陷入被裁的局面，而这种窘境不是他们任何人的过错（除了高管团队）。领导层做出了错误决策，遭殃的却是员工。因此，在接下来的 60 天任期内，我要第二次做出一系列关键决策。

挑战 13　裁员是为了重新整顿吗？

每个决策都基于一个目标。如果你没有设定正确的目标，就做不出正确的决策。道理虽然浅显，但通常的错误在于没有花足够的时间使关键决策顺应既定目标。

决策 13　为长期成功做必要的削减

我在制定的裁员目标上犯了一个严重的错误。在我与你分享细节之前，我想分享一句与裁员有关的谎言，此谎言每个人事团队负责人都曾说过。他们总是说："永远不要用'裁员'这个词！"我不敢苟同。称之为重组、减少人手、缩小规模或任何其他委婉的说法都是在试图掩盖裁员的残酷现实。不要试图掩盖，要坦诚相见，撕下创可贴，露出伤疤。直说为宜：裁员。

我裁员的目标是清理公司里那些有碍业务开展的领域，以及裁掉表现不佳的员工。我采取了极简主义的方法。我的目标不是让Meetup走上财务健康的道路，而是做出最为明显的改变。250名员工中，我们裁掉了25个。我们本应裁掉100个，但如果我们真那样做了，可能日后就不需要继续裁员了。

我的心不够硬，还感到有些害怕。我过分乐观，认为我们有能力做到快速增加收入。其结果是：在接下来的几个月里，我们不得不承受这个决策带来的后果。削减成本涉及做出艰难的决策，而此决策可能导致成本未能削减到位。不要过于乐观，最好多削减些成本，这样你就不必一直这样做。人们确实害怕削减成本，但更让你害怕的是，充满挑战的时间段可能会被拉长，你不得不再次去做那些棘手的事情。事实是，做得过些可能你就不会后悔了，因为裁员数量多了好补救，你随时可以把他们再招回来。我没有大刀阔斧地进行裁员，对此我深感后悔。这是设定错误目标结出的苦果。

挑战14　在裁员问题上，如何把握透明度？

拥抱透明是领导者必须具备的最重要的品质之一。透明能够建立互信，而只有在互信的基础上才能建立一支动力十足、目标一致的团队。没有互信，其结果是要么团队离开，要么你离开。

决策14　直接与员工沟通

对公司面临的挑战保持透明，但在早期阶段，不完全透明会帮助你避免陷入混乱局面。

如果可能被裁的员工突然被叫到会议室，这通常意味着裁员开始了，但此举会引发窃窃私语，员工还会在私人 Slack Channel[①] 上分享消息，让全公司疑惑不安。员工们整天忧心忡忡，担心自己会成为下一个被拍肩膀、叫到会议室的人，回到办公桌后发现自己的电子邮件已经被停用了。

Meetup 裁员不能采用这种方式，需要和善处之。Meetup 不会拍拍员工肩膀，把他们叫到办公室，随意交代几句便把人打发走，也不会立即停掉他们的电子邮件。别忘了，我们是一个社群平台，应该把那些将被解雇的同事视为一个社群，给予他们应有的尊重。我们不能自己当鞋匠，却让孩子光着脚——一个社群平台不能将自己的社群一棍子打死。

2018 年 12 月 6 日，我召集了一次公司全体会议，那时距我担任首席执行官还不到六周。我解释说，我们的战略工作流需要我们停掉大量项目。我告诉他们，我们能够为从事这些项目的某些员工（算得上超级明星的那部分员工）转岗，但不得不与 25 名同事和朋友"告别"。我不想让员工通过小道消息得知此事，我想让每位员工直接从我这里亲耳听到这个消息。

会场鸦雀无声，压抑得让人喘不过气来。

我解释说，在五分钟内，每个员工都会收到两封电子邮件中的一封：或者是要求他们到会议室面谈，或者是告知他们不受影响。虽然心悬五分钟（结果只用了两分钟）也很恐怖，但至少比等待几个小时才被拍肩膀叫进办公室要快很多。我通知员工，我们不会停掉任何人的电子邮件，也不会要求他们离开。将被裁减的员工可以留在办公室，我们晚些时候还要召开全体会议，我们都在那里支持

---

① Slack Channel 类似于微信群，在实际工作中，可以为每个开发团队，每个工作项目，每个产品故障等主题，创建一个频道。——译者注

他们。我要求员工群策群力，看哪些公司有可能雇用我们的员工，并创建一份这些公司中所有人力资源和行政领导的名单。我们会帮助每个人找到工作，而且在遣散费方面决不吝啬。我们要心系员工，即便是那些将要离开的员工。

之后，我回到办公室，坐下来，门开着。我想传达一个信息，如果有谁想找我聊聊都可以来我办公室，我不会躲着员工。结果，最奇怪的事情发生了。

一个女员工走进我的办公室，问我是否可以给她一个拥抱。虽然身为首席执行官与员工保持物理距离很重要——我不愿这样做，但我愿意接受一个拥抱。她说我做的是对的。她的工作毫无意义，花费了公司很多钱，却没给公司增加任何价值。

五分钟后，另一名员工走进我的办公室，她告诉我，如果她是首席执行官，也会裁掉她那个职位，因为根本没有意义。她告诉我，她认为 Meetup 终于掌管在合适的人手里了，因为我愿意做出一些别人害怕做出的改变，尽管这些改变显然会带来阵痛，但不容坐视不管。她告诉我不要担心，我需要确保 Meetup 健康发展，否则就没有未来。

六个月后，我把其中一名女员工招回公司，安排在另一个职位，另一名女员工决定攻读工商管理硕士，我给她当推荐人。我最喜欢的一句箴言是：人们心中有数。不要试图隐瞒真相，人们不傻。一个公司是否健康，或者员工的职位是否有意义，员工心知肚明。人们总是心中有数，假装别人无从知晓是在自欺欺人。

因为你也有可能会遇到裁员问题，所以我把我的裁员模板放在了附录里，可以供你作模板。

但一定要先阅读下一个决策，看看如何不去回答留任员工提出的那些明摆着的问题。

挑战 15　裁员时，如何避免留任员工流失？

决策 15　与员工开诚布公地沟通

正如本·霍洛维茨（Ben Horowitz）在我最喜欢的一本领导力书中《创业维艰》（*The Hard Thing About Hard Things*）中所写的那样，“留任员工非常在乎你如何对待那些被你裁掉的同事。许多被你解雇的员工与留任员工的关系会比与你的关系更加密切，所以对被裁员工要有应有的尊重”。确保留任的 225 名员工相信，我们会善待、尊重那些被裁减的员工，这一点至关重要。我们继续召开全员大会，我花了一个多小时的时间来回答几十名忐忑不安的员工提出的问题。有人问我降低成本为什么不把零食供应停掉，非要裁员？还有人问：谁去谁留有何标准？提出的问题很多，我都一一做了回答，处理得相当好。然而，有一个问题在我供职 Meetup 期间一直困扰着我，直到今天依然挥之不去。

有员工问我：我们是否会再次裁员？我担心员工会生活在再度裁员的恐惧中，担心他们再也不会信任我了，于是不假思索地说了两句话，而这两句话一直困扰了我很多年。我说：“裁完了。不会再裁了。”每每想起这两句话，我都深感后悔。

我在人事方面犯下的严重错误几乎每次都是因为想让别人喜欢我或者想让员工感到欢喜。我脱口而出的两句话是一个糟糕的错误，这两句话不到一年便被证明是不真实的，可员工还记得。我迫切想要安慰留任员工，给他们吃定心丸，但我应该采取其他方式，不应承诺一些我不知能否兑现的事情。虽然我无从预料 WeWork 会出现什么问题，但我知道 WeWork 的模式不可持续，它的败局就是

Meetup 的败局，WeWork 和 Meetup 都败下阵来，可能就会导致新一轮裁员。我过于乐观了，不相信我们会进行新一轮裁员，即便会，也是多年之后的事了。教训何其惨痛。

挑战 16　裁员后多久招募并组建新团队？

在计划裁员的同时，我需要对组建高管团队做出决策。如前所述，我确信我们的高管团队不够优秀，如不引入新人，公司很难取得成功。我是快速招募呢，还是从长计议，深思熟虑后再招募呢？不过，如果快速招募可能会忙中出错。

决策 16　尽快把新团队招募到位

我决定行动要快，尽快把新团队招募到位。

如果一个团队不能确切知道谁是他们的领导，就会产生不安全感，而感到不安全时，许多人就会去寻找新的机会——新高管迟迟不到位会赶走关键人才，这点不用怀疑。我发现，对未知事物的恐惧往往比已知事物的负面影响更摧残人，我需要尽快抚慰他们焦灼的内心。只要 Meetup 的员工不确定谁会领导他们，我们的业务就无法推进。

我招募组建新团队的第一步是扩展选择。过去 20 年中，我和多家公司的 100 多位技术高管共事过，我向他们抛出橄榄枝，基本上是在说："我在招募各个领域的精英：技术领袖、营销、金融、工程、产品等领域都欢迎加盟。我需要建立一个全新的高管团队。"我还特别表明欢迎女性和多元化候选人。我发现，如果你不特别注明招募多元化的人才，参加面试的高管多半会偏向于白人和男性。我在投资百科网时就犯了没有注重多元化的错误，此次我特别注重这一方面，确保我们的领导团队中白人男性不多于 50%。

在接下来的几个月里，我收到了大约 50 份推荐信，我需要对这些申请者进行面试，每天两三个人。我安排公司最资深的招聘干将专门负责高管招聘，以及搜罗女性和多元化候选人。我对使用猎头公司非常反感：永远不要使用他们。我倾向于从我的关系网中获得推荐，而不是让猎头公司去搜罗高管候选人。在我 20 年的职业生涯中，我已经雇用了 50 多名副总裁，近 1 000 名员工，从未通过猎头公司雇用过直接下属。在招聘高管这件事上我想亲力亲为，直接搜罗人才也能更多地了解候选人。在最初的几个月里，我以创纪录的速度招聘高管。对目前的高管团队来说，这令人眼花缭乱，因为我让他们见了几十名候选人。我们雇用了 3 位总经理，一位首席营销官、一位首席财务官，还有一位首席产品官。我们的领导团队开始形成凝聚力，员工们对我做出的快速决策感到兴奋——他们再也不用疑虑公司领导层的构成了。招聘的几个高管中除了一个，其他都干得不错。

我聘请本杰明（化名）担任业务经理。他是我的第二人选，因为第一人选拒绝了我们。我急于把高管团队快速招募到位，因为在我到任之前，B2B[①]（企业对企业）团队在四头领导模式下业务开展得步履维艰，该团队的四个高管似乎拥有平等的发言权，因此什么决策都无法做出。最终有发言权的只能有一个人，这样业务才能开

① B2B（也有写成 BTB，是 Business-to-Business 的缩写）是指企业与企业之间通过专用网络或 Internet，进行数据信息的交换、传递，开展交易活动的商业模式。它将企业内部网和企业的产品及服务，通过 B2B 网站或移动客户端与客户紧密结合起来，通过网络的快速反应，为客户提供更好的服务，从而促进企业的业务发展。——译者注

展起来。尽管当时有些担心，我还是雇用了本杰明，但没过两天，我就听说他好像总是一脸紧张，缺乏自信。几天后，我听说了一些实事，说明团队讲给他听的一些基本概念他都不懂。相处一周后，我意识到我犯了一个严重错误。他绝对不能胜任，我对此非常确定——仅仅一周之内他就“失去”了团队大部分人对他的信心。第二天，我向他解释说，我认为这项工作他做不来。在此情况下，最好速战速决，而不是拖到三个月或一年后再去和他谈。这对他很不公平，但如果抹不开面子让他留在公司就对 B2B 团队或公司不公平。我们给了本杰明一笔非常丰厚的遣散费，并让团队知道我们采取了迅速行动。团队震惊了。他们深感震惊的不是我们让本杰明离开了，而是我们倾听了他们反映的问题，非常重视那些问题，并且尽快采取行动解决了那些问题。以下是招聘高管的一些最佳实践，尤其针对如何打造全新的高管团队。

永远不要要求提供推荐信：推荐信就是一张废纸，毫无意义，因为任何人都可以找几个人吹捧自己。所以，不要要求提供推荐信；你尽可以通过私密渠道把每一个关键候选人了解得清清楚楚。幸运的是，我的人脉很广，在领英上搜索一下就能知道我和某人有多少共同联系人。然后，我就联系每一个共同联系人，向他们寻求反馈。切记：利用私密渠道，不要看什么推荐信！不要仅在雇用某人的时候才利用私密渠道，你想加盟某个公司时也同样可以使用。我在决定是否接受投资百科网首席执行官的职位时，人们对我未来的两个上司——巴里·迪勒（Barry Diller）和乔伊·莱文——评价很不一致（莱文是投资百科网母公司 IAC 的董事长兼首席执行官）。于是，我给约翰·福利（John Foley）打去电话，我在 1-800-Flowers.com 时就和他建立了关系。约翰与迪勒和莱文共事多年，给了他们很高的评价，可以说他的评价对我加入投资百科网产生了决定性的影响。约翰还对我说，如果我改变主意，他正好在为一个与他钟爱的骑行有关的小创意制订商业计划，我或许可以考虑在他的“小型初创公司”——Peloton——担任高管！

快速招聘：你可以一次面试 30 个人，但这可能无助于你招到合适的人选。你心里要清楚要招聘的人必须具备哪些强项（2 ～ 3 个），不要奢望找到一个，你列出的 15 个方面都是他的强项的候选人。想找到每一项都符合你心意的人是不可能的，那样做只会延迟你的招聘时间。以我的经验来看，招到的人中，有扎实本领的人与“本杰明”式的“水货”之间的比例大概是 10∶1，但人们总是花费大量时间去海选（并为此花费大量金钱），因为他们担心万一会招到“本杰明”式的“水货”。

为新员工的成功做好铺垫：我会给每一位新招聘的高管发送大量的报告、文档、电子表格等，要求他们在上任之前阅读我发给他们的文件。高管们在正式上任第一天就应该了解很多信息，真正进入工作状态。提前把大量信息提供给他们，就为他们的成功做好了必要的铺垫。我经常听到招聘经理说，他们不想让新入职的员工负担过重。事实上，在他们正式开始工作之前就把有用的信息提供给他们实际上是在给他们减负，这样他们开始工作时就能得心应手了。

招聘时注重互补技能：作为一名首席执行官，如果我过于注重战略，我的每一位直接下属都应该偏重执行力；如果我过于注重分析细节，我的每一位直接下属都应该偏重大局。领导者在接管一个团队时也是如此：如果团队太过于注重某个方面，那么为团队招募新任领导时应该注意其技能要与现有团队成员的技能互补。

认识到每个领导者对领导团队的影响：我见过许多高管团队中出现不健康的分野：新进高管精力充沛，目光炯炯，但往往不够成熟，而原有高管“觉得什么都是尝试过的东西，索然无味”，自认为尝试新方法需要克服哪些挑战他们都“门儿清”。我招募来的那些新高管与在公司工作多年的高管彼此之间越来越不信任，这对任何一方都不好。我通过与每位高管和整个团队正面讨论的方式来解决这个问题。情况有所好转，但因为原有高管人数很多，又招聘来不少新高管，所以不可能保持领导风格的持续性，直到我上任足有一年时，情况才有所改观。

以上我分享了一些招聘高管的最佳实践方法，但招聘过程中最重要的部分是对潜在候选人进行面试。许多公司不擅长评估和雇用领导者，而雇用新的领导者是首席执行官最重要的工作之一。

挑战 17　如何面试高管？

决策 17　使用四步框架

考虑到雇用合适的领导者的影响，在过去的五十年里，这一方面的创新非常之少，这有悖常理。候选人通常是通过可靠的渠道推荐的，之后是开展一系列的面试，这些面试要么在太多方面评估，要么在一个特定的优先事项上评估其胜任领导岗位的适合度（此举通常对其他人不利）。在对候选领导者的评估中，我见过的最常见的错误是太过注重现任者的对立面：前任领导太注重细节了，那就雇用一个有大局观的人！前任领导太软弱了？那就雇一个强硬的人！

面试时组织工作不到位、不聚焦、容易被带偏，更像是在酒吧里惬意地聊天，而不是真正考察被面试者的经验、能力和视野。没有使用数据驱动的方法，也缺乏协调。我一生中参加过两次首席执行官职位的面试，两次都被录用了。通常情况下，招聘领导者时会遵循以下两条途径之一：

一是一言堂（指挥过度）：最有影响力的决策者（董事会或首席执行官）确实喜欢某个应聘者。接下来决策者要做的就是主动或被动地胁迫其他面试官雇用他们的首选。最常见的形式是被动胁迫，而不是主动胁迫，这也是最危险的。雇佣者明确表示某个应聘者是他们的首选，其他人只有劝阻的份儿。

二是老好人（授权过度）：最有影响力的决策者过分随和，力求所有面试官达成一致意见。因为参与面试的 10 个面试官（或者拿我的面试团队来说超过 20 个人）可能每个人都按照 5 ～ 10 个重要的优先事项去衡量应聘者，而实际上没有任何人能达到这样的要求。每个面试官希望应聘者具备的能力不一样，因此，招聘可能会持续数月。最后，所有面试官都流露出挫败情绪，最有影响力的决策者不得不重回一言堂模式。

在评估应聘者时，很少能达到恰当的平衡。我开发了一个四步框架来改进高管面试和评估流程，并达到恰当的平衡：

- **指导**：最终决策者应该明确表明他们需要应聘者具备的 3 ～ 5 个最关键的能力，并解释清楚为什么所需的每一个关键能力都很重要。决策者应向每一位面试官征询反馈意见，确保所有人意见一致。如果面试官最终持不同意见，他们则需要明白“决策一旦做出，必须坚决执行”。
- **指挥**：招聘过程中需要进行分工，明确哪个面试官负责考察哪项技能并记录面试中出现的核心领域以外的任何“注意事项”。
- **倾听**：决策者需要倾听被面试人的观点，但不要被其带偏。理想情况下，如果有状况发生，则直接与候选人交流。

- **时限：**招聘高管可能会持续几个月，这没必要。要有高度的紧迫感，因为在招聘过程中通常会出现很大的组织不稳定性，务必注意这一点。

WeWork 在招聘我担任 Meetup 首席执行官的过程中，“一言堂”（指挥过度）和“老好人”（授权过度）两个问题都犯了。亚当很快对我产生好感，我相信我被录用是因为他说话最有权威。公司还面试了 15～20 名其他候选人，但这更多是在展现他们视角广阔，而不是真正在寻找更合适的人选。接下来我又参加了 26 次面试，因为每个面试官都需要提供反馈，尽管我被告知他们面试我及提供反馈更多是在走程序，对决策过程实际上没有多少参考价值。

有多少高管的面试只是为了对已经做出的决策获得认同？实际上，大多数时候，面试是用来获得对招聘决策的认同，而不是帮助做出更为明智的决策。这本身并不是错。大多数人都不具备面试和选择合适候选人的能力。如果拍板者很自信，在没有其他人反馈的情况下就雇用了他们的首选，势必导致该人选在入职之前无法搭建起重要关系。那么，有没有更好的办法呢？有。可以对面试官说：“我们可能会确定这个人作为人选，但想听听你的意见，你是否觉得有何不妥之处？”说话时务必真诚、透明。我认为这种更开放、更直接的方法能使公司做出更好、更快的决策。

谋划 Meetup 的未来

在我上任最初的 90 天里，最后一项要务是推出公司战略。我已经确定好如何与 WeWork 相处，解雇了 10% 的员工使工作更加聚焦，解雇了原有高管团队并组建了新的高管团队，现在我们必须要敲定 2019 年的公司战略。我所面临的挑战与我在招聘管理团队时所面临的挑战相似：求快还是求稳？

挑战 18　战略要不要追求完美？

你是选择先制定一个“占位符”式的战略，以便像星星一样给你的公司指引方向，即使那颗星星并不那么明亮；还是以事实为依据，制定出每个人都认为可行的更为稳妥的战略？

决策 18　选择一个并不完美的计划，这总比没有计划要好

新的一年开始时，我们不能没有明确目标，而我们制定明确目标时不能不考虑更为宏大的公司增长战略。像我早期做出大多数决策时一样，我认为行动要快，虽然制定出的计划可能并非万全之策，但总比没有计划要好。

公司快速梳理了 7 个战略工作流程，我用了大约 1 周的时间（从 12 月 6 日裁员到 12 月中旬）就拟定好了 2019 年的公司战略。裁员后，公司迫切需要明晰公司的优先事项是什么。因为我在招聘高管，所以他们也需要知道入职公司后的优先事项。WeWork 也问我会优先考虑什么。我再次决定优先考虑速度，因为我知道战略制

定好后我们只需迭代和更新其中不可行的部分。

亚马逊的文化不允许员工平庸度日，这点人们广为知晓，但其核心也是以绩效为导向，有许多堪称典范的做法。我最喜欢的两个做法是亚马逊原则上禁止在汇报会上使用 PowerPoint 演示文稿，也不允许撰写主要产品发布的新闻稿。PowerPoint（或 Google 幻灯片）演示文稿效率低下，属于单向传递信息，无法开展交流。亚马逊要求他们的团队在会前创建一个文档，开会时提前 5 分钟～10 分钟先把这个文档读给大家听，剩余的时间与会者可以进行有深度的辩论、争论、讨论，而不是一个人给一群人读演示文稿。第二个做法我在拟定 Meetup 的战略文件时采用了。亚马逊设定情形，要求其产品经理和其他领导撰写一份新闻稿：假定一个新产品或一项新业务获得了成功，他们该写些什么。我决定大胆而为，借用这种做法，给大家写一篇构想的文章，介绍 Meetup 在成立 30 周年之际实现扭亏为盈的策略。

我是这样写的：

2032 年 12 月：庆祝 Meetup 成立 30 周年

2032 年 1 月，《纽约时报》与世界卫生组织合作，发起“生命圆满”讣闻比赛，这是他们的数据生成新闻团队最新举办的活动。参加者只需上传他们已故亲人的生平简历——一份经过验证的个人生活记录、家族史和遗传记录——由算法来评估其生命的潜能。计算机对其潜能的实现程度进行评分，从 1 ～ 100 分，以客观评估其是否修得“生命圆满”，并注明本应做些什么才使生命更加圆满。读者数量激增。《纽约时报》每周都会隆重推出得分最高的“生命圆满”讣闻，但更加吸引读者的是那些得分最低的讣闻——这些讣闻显示出人们在多大程度上把时间消耗在毫无意义的社交上，结果摧毁了他们的潜能。

不久，奇怪的事情发生了。为活着的人上传的简历及生活集锦的数量开始上升，是为逝去的人上传的生平简历的10倍。每个人都想知道自己的“生命圆满”分数是多少，以及如何才能提高分数。

一年后，编辑们发表了一篇文章，分析怎样才能真正达到生命圆满。他们采访了数千名获得高分的读者，询问他们达到生命圆满有何秘诀。绝大多数受访者都提到了现实生活中的领路人——Meetup，它在过去几十年里取得了巨大的成功（估值高达100亿美元）。他们说，Meetup使他们得以拒绝成为数字生活的奴隶，自信地追求生命圆满。90%的Meetup社群成员回答，他们与他人的联系增强了，95%的社群组织者回答他们的自信心和领导能力都增强了。他们有意让自己沉浸在有意义的关系和现实生活体验中，而这种体验自2004年脸书推出以来一直在减少。

现年58岁的戴维·西格尔长期以来担任Meetup的首席执行官，他分享了为什么Meetup在达到“生命圆满”中发挥了如此重要的作用：“作为一家公司，我们总是志存高远，我们设定的目标是确保帮助人们发挥他们的全部潜能，Meetup成员都知道，实现个人成长的最佳途径是通过真实的人际关系。”

写完这个前瞻性的愿景之后，我接着列举了公司的一年、三年和五年目标、关键成果及财务目标。这篇文章得到WeWork的欣赏，员工们也受到激励，它为我们想要下什么赌注、想把资源投放到哪里确定了方向。它受到欢迎并不是因为它特别有思想或写得特别好，而是因为它预示着公司迈开坚实的一步，推动公司沿着既定的方向前进。

两年后回头看，我们起初制定的战略有太多错误，但我不认为这是失败。我们需要制订一个计划，因为只有在做出决定后，通过实践评估最初制订计划时所发现的机会，我们才能找到正确的优先事项。有时候你很幸运，最初制定的策略完全正确，但现实情形往往不是这样。最初的战略需要被记录下来，以便探索正确的路径，这可能需要一年、两年甚至三年或更长时间。这并非失败，而是坦然接受可行方案并愿意快速迭代不可行方案的结果。除了依靠运气，这是我所知道的经营公司的最好方法。

这也是我为什么如此反感“战略型”人士。我的一位同事是一家大型风险投资基金的合伙人，他问每一位员工：“你更侧重战略还是执行？”如果有谁回答“战略”，他就出局了。伟大的战略其实就是快速执行和迭代。它设定假设并通过测试来证实或否定这些假设。它是根据一系列假设来执行的。真正的战略工作在于执行，而不是写成文件，然后将其作为公司的救星到处炫耀。

大多数员工不理解拥有迭代战略的重要性。如果一个领导总是进行战略迭代，员工就会认为这位领导缺乏主见。我经常需要投入大量精力帮助员工（特别是初级员工）来理解战略事关学习：需要使用精益产品开发来推出一个产品，衡量哪些方面可行，然后学习采用不同的方法。战略不是写在纸上的东西，而是你进行的测试及对目标进行的相应更新。

Meetup 的战略是着眼长远，随着时间的推移改变其商业模式，增加两个新的收入来源，并显著降低对当前收入来源的依赖。公司的核心收入源自向社群组织者收费，我认为这严重阻碍了公司的发展。社群组织者是 Meetup 的生命线。他们组建了我们为之惊叹的社群团体并开展活动，追随者云集，这些组织却要向 Meetup 支付费用才能有“特权”开展大部分工作。我认为我们应该付钱给那些社群组织者，而不是社群组织者付钱给我们。我们应该把组织 Meetup 社群活动打造成一个全职职业。

通过向社群组织者付费，而不是向他们收费，来使平台上的组织者数量增加 10 倍。我觉得在收费问题上我们的做法有点像优步，要求司机为其驾驶“特权”付钱。这没有道理。我们要摆脱当前的收入来源，通过另外两个渠道来增加公司收入。会员只需支付很少的费用就能参加 Meetup 组织的活动，越来越多的公司会寻求赞助 Meetup 社群及其开展的活动。随着时间的推移，会员付费参加活动的收入和公司赞助的收入有可能远远超过从社群组织者那里获取的收入。

我们进行了许多实验，并基于这些假设开展了一个全新的业务。我们犯了很多错误，也学到了很多东西，但可以说，这些增长理念中有很多被证明是不正确的。稍后将详细介绍。

“蜜月期”过去了，90 天后，我已是心力交瘁。我总是半夜醒来，担心每天要做的无休止的决策。我怀念在投资百科网的那 4 年，从第一天开始，我们的收入就开始增加。我在投资百科网工作期间，收入连续 30 个月保持增长。我当时自以为是这个星球上最伟大的首席执行官，现在却开始怀疑自己是否是最糟糕的那一个。

当然，极端往往与现实相左。人类和组织都有走极端的本能：他们会说，“哇，瞧我们有多棒，现在我们是不可击败的”，而后发现他们实际上一击就败；或者他们认为，我们面临诸多挑战，根本看不到未来，而实际上这种认识将导致永远无法找到解决方案。记住：事情从来没有你想象的那么坏，也从来没有你想象的那么好。

我工作非常努力，竭力使 Meetup 生意红火。经营一家像我接手的这种举步维艰的公司可不是好玩的，我迫不及待地想让公司的收益走上快速增长之路，再次享受成功的喜悦。如果我当时知道两年后（尽管主要是因为疫情）公司虽很健康，但依然很不景气，我可能 90 天后就放弃了。上任首席执行官留给我太多的文化、技术、产品、客户和其他挑战，我却以为在短短 90 天内就能扭转公司的局面，真是太天真了。虽然雄心勃勃并非坏事，但如果像我那样，对快速扭转局面抱有不切实际的期望，无论对你还是对团队，都是不健康的。

不过话又说回来，如果我说，“我们会好起来的，但可能得需要两年或更长时间”，没人愿意和我一起再经受两年多挑战的洗礼。乐观与透明或相互冲突，或相辅相成。你需要做的是诚实地说出你对企业的担忧，但要相信你和你的团队能找到成功之路。

总之，在度过前 30 天后，接下来的 60 天里需要你从计划转向执行。这是一项艰巨的任务。以下是实现这一目标的关键步骤：

- 告诉董事会或母公司你的公司面临哪些最紧迫的问题。如果不首先与董事会达成一致，这些问题就很难解决。
- 优先考虑本公司的需求，而不是你的领导者的需求。双方最终都会受益。
- 保持公司文化的独特性。如果你的公司被收购了，你不必采纳收购方的文化。
- 为能够明智地领导公司牺牲个人前程。我牺牲了与我的领导者的关系（他善良却反复无常）以确保我能以正确的战略管理公司。你可能也要做出类似的牺牲。这样做值得。

- 顾及公司财务。虽然你尽可以亏损运营，但要确保目前的亏损旨在着眼长远，日后可以弥补回来。
- 裁员数量要适当，不是能少则少。这项艰巨的任务做不到位注定会让你重蹈覆辙。
- 对裁员保持透明。员工如果知晓事态发展，在裁员过程中就不会有那么多恐惧，也会更加尊重你。
- 快速将高管招聘到位。最佳做法包括：利用私密渠道；寻找与自己技能互补的人；考虑候选人对高管团队其他成员的影响；不要浪费时间期待完美之人。一旦选定新的高管，帮助他们为胜任职务做好准备，甚至在他们上任之前就开始着手。
- 利用面试来评估候选人的技能。我的法宝是一个四步框架:(1)引导面试聚焦于你所需要的技能;(2)指导面试官根据这些技能对候选人进行评估;(3)倾听被面试者的观点，但不要被他们带偏;(4)限制面试时间，这样就不会拖泥带水。
- 不完美的计划总比没有计划好。通过反复试错，你的计划会不断得到完善。

第五章

之后的九十天

05

领导者开始上任后，通常会有一个 90 天（一些幸运的首席执行官有 100 天）的宽限期，在此期间，任何事情出了差错都会被完全归咎于前任管理层。事实上，这是合理的。在最初的几个月里，领导者几乎不会有什么建树足以影响到公司的收入增长或足以改善用户体验。我看到一些领导者多年后还继续指责前任管理层，尽管这其中可能有合理成分，但此举对领导者自身没有什么好处。

然而，“蜜月期”结束后就该酝酿、制定决策了，旨在为公司带来更好的产品和收入流，建立起强大的企业文化，走向盈利之路。

我在 Meetup 上任后的第二个季度，不再那么焦头烂额了，而是从容地去组建团队，解决公司的财务问题。但我仍然需要做出几个关键决策，第一个就是我们如何才能成为一家真正意义上的公司。

挑战 19　何时以及如何成为“真正意义上”的公司？

如果一家公司没有明确的盈利路径，完全靠投资者或母公司的支持度日，那么这个公司就是一家假公司。为什么？因为如果投资者或母公司改变主意，公司就将不复存在。

如果一家公司提供的产品与竞争对手的产品相比没有任何明显的差异化，那么这家公司也是一家假公司，因为即便它过去在销售或营销方面取得了成功，其优势也是不可持续的。

如果一家公司没有适当的控制、流程和报告来确保适当的反馈循环和明智的决策，那么这家公司也同样是一家假公司，因为没有正确的战略和财务流程，公司就无法保持健康发展。

按照上述界定，Meetup 就是一家假公司。（颇具讽刺意味的是，鉴于 WeWork 依靠软银和 seven 的系列投资，也同样是一家假公司。）假公司面临快速消亡的风险。然而，Meetup 使命在肩，对数百万人产生了重大影响，不容倒闭，所以我们要把 Meetup 打造成一家真正意义上的公司。这意味着要找到一条盈利之路，打造差异化的产品，实施正确的控制和流程，以确保明智的决策得以执行。

决策 19　设定短期目标，为长期战略的执行和迭代做好铺垫

许多人认为，首席执行官因其权力与地位，有能力强力控制和深刻影响公司的每一个方面。这话有对的一面也有不对的一面。以下是我的看法：蹩脚的首席执行官会施加如此深远的影响，而优秀的首席执行官则不会。一个优秀的首席执行官能意识到自己的职责是招募合适的人才，增强公司做出明智决策的能力。而一个蹩脚的首席执行官往往意识不到自己对某些决策的制定和推进应该尽少施加影响，只顾指手画脚，而且事无巨细，最终只会迫使优秀人才离开，而那些决策原本应该由这些优秀人才做出。换言之，一个优秀的首席执行官下放权力，心系员工；而一个蹩脚的首席执行官则紧抓权力不放，心系自己。

应该特别重视如下决策：

- **决定高管团队的组成人员**。这很重要，必须深思熟虑。不过，

不要担心高管们自己的团队。虽然你可以影响他们的招聘（通过推荐候选人，参与面试，以某种理由刷掉候选人），但这些新聘员工不直接归你管理，你手下的高管负责直接管理和使用，如果有谁不能胜任工作，他们要负全责。

- **为公司设定一个宽泛的战略方向**。确定战略方向至关重要。你还要拍板决策公司的关键目标。然而，你无须决策具体目标和这些具体目标要取得的关键结果，当然也无须决策如何才能最好地实现这些目标。告诉你的员工你希望他们实现什么。相信他们会找到实现的路径。
- **建立指导决策的战略、财务和管理流程**。这是一件大事，大多数首席执行官都没有给予足够重视。作为首席执行官，你很少做出具体决策，但你要确保有正确的框架、时间表、制衡机制，以确保最终做出正确的决策。如果你不得不做太多的决策，那说明肯定出了什么问题。

在我上任的最初90天里，我主要专注于上述第一和第二要务，但在建立财务和管理流程时，我缺少一个重要的合作伙伴——首席财务官。这不难理解，鉴于公司惨淡的财务状况，Meetup没有设立这样一个职位。

斯科特和亚当商谈了一下就敲定了Meetup 2018年的目标。问题是这些目标毫无意义，这相当于亚当告诉Meetup的管理团队他们的目标需要产出什么结果。这导致公司所做项目和优先事项不仅没有推动公司发展，而且很少或根本没有得到公司实际执行者的认可。奇怪的是管理团队中大多数人甚至不认同这些目标。其结果是：Meetup几乎一个年度目标也没有完成，斯科特被要求离开公司。

亚当·纽曼也认为，理想的目标应该着眼长远，这是许多企业家共有的理念，其含义是：你越竭力推动人们，你设定的目标就越有远见，你实现目标的可能性就越大，否则目标无法实现。WeWork设定了疯狂的目标，这也是它迅速崛起的众多原因之一。

然而，我的理念有所不同：侧重小目标的实现及迭代计划。制订长期计划后，团队需要设定可实现、可持续的季度目标。这样一来，领导者可以迅速见到实效，建立信心，鼓舞员工士气，然后根据业务的当前状态重新设定每个季度的目标。迭代目标比激进目标更为重要。

未来变化莫测，因此，仅仅制订一个有远见的计划是不够的。计划必须历经一个彻底的迭代过程。千万不要制订好计划就束之高阁。迭代的魅力在于将一系列日后可能被证明为正确或不正确的假设组合在一起，在制订最终计划时加以权衡。在此基础上，不断评估制订的计划是否合适，并根据需要灵活调整计划。

我花了几个月的时间才招聘到我想要的首席财务官。她入职后，我们开始对公司的几乎每一个流程进行彻底检查。我们为每周、每月和每季度的财务报告搭建框架。通过建立月度检查和季度评估制度，彻底改革了目标设定和评估流程。我们创建了每日、每周和每月可视化报表来跟踪每一个最优项的进展，因为如果你不检查，就不要期待有多少进展（里德药店的一位高管多年来每天至少视察一家药店，这是我从他那里学得的经验）。为了着眼于长远，尤其是提升公司的盈利能力，我们需要短期和中期目标的支撑。

能招聘到一个精通自己领域的人真是太好了，招募进来的首席财务官非常清楚自己需要做什么，我也信任她，让她放手去做。我们还把工作重心放在寻找盈利途径方面，其中一个办法是把客户支持和工程部门的资源转移到成本更低的地方。我在每日健康、寻找阿尔法及投资百科网工作时，团队中有相当一部分人要么不在美国最昂贵的招聘市场之一——纽约市，要么不在美国。另外，在某些情况下，Meetup 为美国的客户服务代表支付的费用比在菲律宾多 5 倍，雇用纽约市工程师的总成本是雇用乌克兰工程师的 2 倍多。

我无意将整个公司全部外包出去，理想的做法是融合模式。对我们来说，这意味着要对既有内部工程师和客户支持人员做出调整，以在低成本国家签约一些独立工程师和客户服务代表来扩展业务，提高盈利。公司在纽约现有 100 多名工程师和 40 名客户服务代表，显然这个愿景不会受到欢迎。

我采取了比裁员时更为懦弱的方法，这实属不该。我没有大胆而为，做出重大改变，而是决定采用从高成本员工向低成本员工和承包商慢慢过渡的办法，用低成本员工逐步取代纽约市的高成本员工。这一连串的事件，包括 WeWork 要把我们卖掉，后来迫使 Meetup 在高成本地区进行了更大幅度的裁员。

最终，Meetup 员工队伍的调整切实发挥了作用。原来我们的工程师和客户服务人员全部都在纽约，而两年后，在纽约的只有大约 40% 的工程师和 15% 的客户服务人员。最重要的是，这一举措让我们 2019 ～ 2020 年度的财务状况大翻身，从亏损 1 850 万美元转向盈利 300 多万美元。

我们专注于把公司从一家假公司转变为一家真正意义上的公司，其核心可以用一个词概括：可持续发展。我的目标是确保 Meetup 在任何情况下都不会垮掉。即使受到疫情影响，几乎所有面对面的活动都被取消了，但永远不会垮掉！

挑战 20　如何重建公司文化?

在我任期的第二季度，我还必须重建公司文化，使其适应 Meetup 下一阶段的发展。改变公司文化并非易事，这也很可能是为什么大多数新领导上任后会放任糟糕的文化继续恶化下去。所以，从小处着手，先像我一样问自己两个问题：一般而言，公司文化的目标是什么？你具体想达到什么目标？

决策 20　在员工的充分参与下确定核心价值观

从广义上讲，公司文化的目标有三个：一是塑造员工行为，确保员工的可持续发展；二是保持公司优势；三是以竞争对手为参照物。大多数员工认为公司文化的目标是为员工创造一个有趣的工作环境。事实上，文化经常被等同于“很棒的员工体验”，甚至在员工离职时经常被拿来当作说辞：“我们的文化曾经很棒，但现在公司削减成本，乐趣不复存在。”在解释我想在 Meetup 建立一种怎样的文化之前，先解析一下文化的元素构成，这非常重要。

塑造持续性的员工行为：文化代表公司的 DNA，代表公司的习惯。这些习惯不是一次性的行为，而是一贯的、可持续的行为，可能非常健康，也可能非常不健康。

保持竞争优势：这种优势可能有助于招聘或留住顶尖人才，特别是对员工会产生重大影响。文化对公司的客户影响也很大。对公司文化而言，无所谓正确或不正确，关键看你塑造的文化侧重竞争还是团队合作、侧重战略还是执行、侧重销售还是产品。这些文化权衡每一个都会对公司的战略及公司做大做强的能力产生重大影响，而不仅仅是影响公司员工。

以竞争对手为参照物：无论这种文化有助于公司吸引顶尖人才，还是这种文化高度以客户为中心，它为公司提供的可持续优势或劣势都是以竞争对手为参照物的。

因此，至于我要在 Meetup 塑造什么样的文化和如何塑造这种文化，这个问题实际上归结为我希望塑造什么样的员工行为以获得高度的竞争优势，以及如何确保这些行为是可持续的。归根结底就是要做对企业有益的事。

并购案后，许多公司都会谈论应对“科技债”的挑战。也就是说，公司多年来一直都致力于短视行为，没有从长远角度投资技术来推动公司走向成功，因此 Meetup 背着可怕的“技术债”。虽然公司很少谈论“文化债”问题，但我接下的烂摊子也充斥着“文化债”。Meetup 的文化里完全缺乏财务纪律的观念。公司往往将员工的利益置于客户利益之上，既害怕失败，又无力做出数据驱动的决策。真是一团糟。

文化源于公司创始人和前任管理团队的优先事项和能力。所以我相信，通过调整公司的管理层，我们可以迅速、彻底地改变公司文化。但我又错了。

我们领导层试图让公司转向，更加关注收入和财务纪律。我们还试图依据数据驱动的决策建立一个强大的流程，“搞出大动静”，但阻碍重重。拖我们后腿的那些董事、经理和员工并不是存心想害公司，而是他们多年来养成了特定的行为模式，而这些模式难以打破。似乎不管我们怎么解释，设定一个激进的目标哪怕没有实现也不会产生什么负面影响，但员工还是对设定雄心勃勃的目标心怀恐惧。无论我们怎么解释数据驱动决策的重要性，员工们依然仅凭直觉做出决策，虽然通过数据分析原本可以提供更好的方向。

实际上，我们似乎需要对公司的经理和领导层进行大调整，以塑造我们需要的文化，不然，再多的指导和培训也无法达到预期的效果。领导班子必须进行调整。经理们相继主动离开或被要求离开，我们在招募他们的替代者时要特别注意其行为举止和行事风格必须符合我们的要求。我们需要招募乐观的领导者，因为长期以来，Meetup 经理们的悲观情绪导致他们团队的士气低落。我们招募的经理还必须具有实际经验，能够解释清楚做出决策的背景和理由，因为我们过去有太多的经理认为他们唯一的责任就是满足其团队的需求，而不是分析公司做出决策的背景。

我们尝试的一些方法确实奏效了。例如，我带回了之前非常有用的战略工作流流程，并创建了一个新的工作流，专注于起草公司的使命、愿景和价值观。

Meetup 一直使用的口号是“便利每个人在任何地方聚会”，这绝对没有触及重点。经过大量的工作、迭代并得到员工的认同，我们将其改为“通过真实的人际关系助力个人成长”。

Meetup 有两套价值观体系，其实质基本一致，但细节大不相同。一套是由我们的创始人斯科特创建的，包含九个价值观，每一个价值观又包含三个子要素，合计二十七个子要素。数量太多了，员工一个也记不住。另一套是由人力资源团队的负责人创建的，用于招聘，包含了公司最希望新员工具备的八个价值观。经过几十次员工会议和全公司的高度参与，我们确定了六个价值观，它们代表了员工最具代表性的东西。参与到这项工作中的员工太多了，我们几乎不需要将其正式推出，因为在整个过程中几乎每个人都见过这些版本。我们在确定公司的价值观上花费了大量的时间，但这是值得的。

重要的是你要记住：几乎永远不要设想“推出”像公司使命或价值观这样对公司至关重要的东西。他们应该通过一个深入参与和不断完善的过程来“形成”，每一步都要有员工的参与。你希望员工感受到价值观是他们投入过感情和精力的东西，而不是强加给他们的。如今，我们在招聘、绩效管理评估、360 度反馈及员工问卷调查中使用我们的价值观——实际上只要是你能想到的领域，我们都在使用。我和每一位新员工都谈到了这些价值观，它们在公司雇用、解雇和提拔员工方面发挥了很大作用。价值观创建后，我们让每个 Meetup 员工在他们的工作区贴上标签，列出最能引起他们共鸣的价值观。价值观是所有关键决策制定的基础，我们希望员工举手说：“我们不能这样做，这有悖于我们的一个价值观。”

自从我们推出价值观以来，一直没做改变。这些价值观都旨在着眼长远，具体如下：

信任透明度	关注影响力	拥抱变化
信息是辩论、调整战略并采取行动的基础。唯有信息透明方可精诚协作，因为我们深知透明度可以建立信任，而信任是开放沟通的基础	明智的决策始于确定优先事项。不入虎穴，焉得虎子，因为我们深知进步需要胆识和战略	适应力是打开机会大门的钥匙。拥抱未知是创新的关键，因为我们深知，变革改变每个人的未来
争做主人翁	**提升层次**	**诚信领导**
责任担当始于自身，终于彼此。主人翁意识意味着明晰何时提供帮助、何时寻求帮助，因为我们深知我们都有责任尽己所能实现我们的使命	成功是集体智慧的结晶，依赖于每个人竭尽全力。每个人都展现最好的自己是我们差异优势的体现，因为我们深知人与人之间的联系依赖于互补与相互支持	我们的行动有分量，这就是为什么我们的行动要植根于尊重。做好工作不仅仅是把工作做好，还要把工作做对，因为我们深知，仅仅拥有价值观毫无意义，重要的是去践行价值观

我还想建立一种文化，与我们的经理和董事真正合作，共同做出决策。我经常发现领导团队孤立地做出太多决策，没有直接与经理合作，以听取他们的重要观点并获得他们对决策的认同。我做出安排，每月要和所有董事开一次月度会议，还要和所有经理开一次月度会议（后来变成每周例会）。我给他们简单通报一下公司战略，然后寻求他们的帮助，征求他们的意见。我在每次会议上都预留了一个极其公开透明的问答环节，任何人都可以问最机密的问题。做出的决策哪怕稍微差些，只要有经理的充分参与并得到他们的支持，也比做出“正确的决策”但他人并不认可决策方向更好。在决策过程中，经理们的意见和支持至关重要。在一种文化中，经理们虽持异议，但对决策方向矢志不移（即使他们并不赞同），这对企业的成功同样重要。

在建立我们的文化方面，我也犯了一些错误。我想推动一种以收入为导向的文化，误以为如果我们创造出一个口号，就能激励员工奋发而为。我开始了“4 220 万美元”碎碎念（我们的收入目标），但是没人知道我们为什么确定这样一个数字，把它作为目标是否正确，或者如果我们达不到目标又会怎样。所以，空喊口号无济于事。幸运的是，员工的告诫足以使我惊醒，他们告诉我，这个口号不起作用，我如此专注于这样一个特定目标让他们感到困惑。这给了我一个深刻教训：真正的变化只能像我们制定公司的使命时那样，通过深入、全员参与的沟通来实现，而不是通过肤浅的口号。

另一个失败的例子是我想给办公室添置一张乒乓球桌。我吩咐办公体验团队去买桌子。乒乓球桌很快到位了，但马上有一些女员工告诉我，办公室里有乒乓球桌让她们感觉不舒服，因为说白了这是“兄弟式科技公司的氛围”。我完全没了主意，就问她们中的几个人我们应该怎么做，几个女员工告诉我，我们应该买一张桌式足球桌，男女都可以玩。我很快同意了，但又有几个女员工说桌式足球也太男性化了。我解释说买桌式足球桌是听取了两个女员工的建议，但她们提这个建议也没什么问题。这真是一个我无力驾驭的领域，我很快意识到我应该避免举办任何可能导致他人不舒服的活动。这绝非易事，但至关重要。为了建立更好的文化，我需要足够自信去不断尝试，哪怕犯了错误也能从中吸取教训。

挑战 21　对并不完全信任的员工，是“授权”还是“收权”？

如果选择后者可能会打击他们的积极性。

在与员工合力重建公司文化之后，我现在不得不着手处理 Meetup 的领导文化。我们的领导文化颇具特色，最大限度地赋予了员工权力，这在理论上是好的，对此我并不怀疑，但就我们的情况而言，这种文化并没有使我们得到想要的结果。因此，我们又陷入了另一个困境。（注意：当上领导后，困境总会不断出现。）

决策 21　如果“授权”行不通，那就只能“收权”了

为了应对这个挑战，我需要改变我所持的领导者该如何领导的固守观念，反其道而行之（与我教导他人做的及我所写的方式相反），抛弃我读过的每一本管理学书中的金科玉律。我只有采取一言堂（指挥过度）的管理模式，Meetup 才能取得成功。我尽量不做莽撞的混蛋，但我要大胆而为。

在加盟 Meetup 之前，我有一个自认为能确保成功的领导力公式。就像希勒尔（Hillel）的箴言一样，我希望别人怎样对待我，我就需要怎样对待员工。我一贯讨厌（现在仍然讨厌）被微观管理，所以我得为员工创造一个成功的环境，使其发挥最大的潜能。正如心理学家弗雷德里克·赫茨伯格（Frederick Herzberg）所言："管理者的职责不是点燃激励之火，而是创造一种环境，让每个人的冲劲激起的火花熊熊燃烧。""授权"是我的一张名片。我特别认同"一分钟经理人"（one-minute manager）的概念：作为经理，其目标是让自己靠边站（给员工成长空间）。

这在逻辑上是无懈可击的：如果你鼓励员工自己做出决策（而不是你指挥他们），他们的动力就会更足，就会更加努力地去证明他们做出的决策是正确的；如果不正确，他们会负全责。授权给员工可以将决策权下推到直接与用户打交道的人身上，他们才最有资格做出决策。授权给员工还可以最大限度地提高他们的学习能力，显著提升他们的组织能力，使其得以在以后的时间里继续学习并做出更加明智的决策。

我相信授权就像巧克力，总是不错，有时甚至很棒。然而，就像 Meetup 的几乎所有其他事情一样，我不得不大幅修改我的整套管理哲学。第一年，我向领导层和团队授权，但没有取得应有的成效。我需要"勒紧缰绳"了。

"优先考虑这个特定项目。"

"这是你的团队最需要的技能。"

"我们公司的政策需要尽快改变，因为目前的政策不起作用。"

我开始反其道而行之，在很多决策上深度参与，而我在其他公司是不会参与具体决策的。我要是在自己手下工作，我都觉得自己讨厌了。但是这种方法奏效了。我参与到数不胜数的决策之中，作为首席执行官，我以前从未这么事无巨细地参与到决策制定中。

重要的是，要问自己为什么直接指挥做出决策如此有效，授权他人做出决策却不灵验，以及直接指挥是否具有可持续性。自我反省了一下，我认为有如下几个原因：

- **恐惧文化余威尚存：**前任首席执行官留给公司一种恐惧文化，员工和团队非常害怕犯错，所以会花几个月时间进行分析、辩论和讨论才能做出决策。通过亲自上阵指挥，我们得以加速行动。
- **团队缺乏经验：**许多人得到提拔，但由于缺乏经验，很难胜任岗位，这样的事例太多了。这就导致他们得到授权做出决策时往往做出错误的决策。团队不是通过借鉴行得通的经验来做出决策，而是依赖未经实践充分验证的直觉。
- **团队之间缺乏协作：**我们有八个不同的产品团队，以八种不同的方式处理八个不同的问题，团队之间没有相互支持，这是我们授权团队的结果——导致各个团队单打独斗，效率奇低。
- **团队缺乏紧迫感：**团队对截止日期心存恐惧。他们认为，截止日期是一个人为设定的日期，逼着大家赶时间对项目弊大于利，甚至是危险的。抵触截止日期的结果是，我们无法对任何事情有效进行计划，因为我们永远不知道某件事情需要花多长时间，什么时候启动。
- **员工士气低落：**团队被授权做项目时，由于项目需要很长时间才能启动，他们会很不耐烦，变得越来越沮丧。由于计划不周，经理们往往不能有效率地完成计划，而且还常常会中途改变计划或最终根本没有启动任何计划。授权实际上带来的是更多的困惑、更低的士气及员工的流失。

- **劲使错了地儿：**太多员工一心想做的是那些他们想更多了解或个人热衷的项目，而这些项目无助于推动公司的关键指标，其主要作用是帮助个人提高技能。

一年后，新型冠状病毒肺炎来袭，我决定不再授权团队构想如何才能度过危机。我直接告诉他们，我们必须尽快创建在线活动体验，因为公司的未来危在旦夕。当我看到经理们招聘了不该招聘的人时，我直接告诉经理及招聘人员我们该怎样改进我们的招聘流程。我知道我不能总是这样做，但团队总是出现决策错误，我也不能总是听之任之。我告诉管理团队（我现在信任他们），我要求他们每个人都比以前更加直接，即使他们感觉这样直接发号施令很不舒服。一些高管能够完成风格转变，而那些磨不开面的高管则被要求离开。我们需要领导者告诉他们的团队要做什么、为什么要做，以及如何去做。我们需要违背读过的每一本管理书籍上的金科玉律，去直接指挥而不是授权于团队。我们需要实行严格的责任制，设定严格的时间表，制定清晰的框架，以便快速做出决策、快速执行决策。

我在前面提到了许多文化挑战，这些挑战使得指挥比授权更重要。在 Meetup（或任何处于类似情况的公司），指挥决策非常重要不是没有原因的，其中一个主要原因归结于我们面临的挑战——我们有太多可以显著提高公司业绩的潜力项目。在会员、组织者、消费者或业务方面，我们有数以千计的备选举措来优化屏幕视觉、客户体验和客户流，因此从上至下通过直接指挥来确定工作的轻重缓急变得至关重要。与没有多少选择的公司相比，有太多选择的公司往往劣势更大。惠普创始人戴维·帕卡德（David Packard）有一句名言："更多的组织是死于消化不良而非死于饥饿。"当年在投资百科网，我必须做的两件事是增加网站访问量和增加每次访问的"含金量"。就这样明明白白、直截了当，目标可衡量，因此公司发展势头越来越好。Meetup 饱受选择悖论之苦，也因拥有太多增长机会而消化不良。正如戴维·帕卡德所警告的那样，我们挑花了眼，无法有效地选择正确的优先事项，因此公司有死于消化不良的风险。

如果个人或组织被给予太多选择，他们就会产生惰性，往往不仅无法做出正确决策，甚至根本无法做出任何决策，所以我决定对我的团队采取更加直接的方式。我仍然相信授权的力量，但是我们重回此法尚需时日。

挑战 22　如何实施增长战略？

我在担任首席执行官的第二个季度时做出的第三个关键决策是实施增长战略。你应该选择一种战略并专注于此，还是把资源投入无数的策略中，期望其中一个能开花结果？

决策 22　与核心价值观保持一致，专注于少数几个真正推动成功的机会

关注影响力作为 Meetup 的一个价值观，不能仅仅贴在墙上，更需践行。

对一位新任首席执行官来说，只选择一种增长策略并将所有资源投入其中通常太危险了。选择 7 个机会，把 1/7 的资源投入每个

机会中，也同样危险。

在这种情况下，我让我们的价值观引导我们，特别是关注影响和拥抱变化这两项。对领导者而言，一个重要的启发是首先确定公司的核心价值观，确保与这些价值观保持一致，然后专注于公司战略和业务目标。很多时候，公司在制定战略时没有先为制定决策打好基础：确定公司的价值观。我们很快与价值观保持步调一致，现在足可信心百倍地做出一些关键决策，确保我们专注于少数几个关键机会，并将所有资源投入到这些机会上。

因此，我叫停了一项专注于开发全新 Meetup 应用的业务，该业务根本没有制订收入计划。

我撤销了公司的一个销售部门，该部门无法抓牢新客户，却不断投入更多的资金和资源来解决一个双方都无法解决的问题。

我叫停了一项为线下活动打造品牌的业务，公司为这项业务每年花掉 300 多万美元，却没有得到明显的回报。

我不再对国际增长抱任何奢望，因为在我看来，我们在英语国家的业绩面临的挑战已经足够严重了，需要集中力量加以应对，无力兼顾在非英语国家的业务增长。

我关闭了在柏林的工程办公室，因为工资和差旅费加起来比在纽约市的工程师成本还要高。

相反，我们一门心思只干一件事：建立一个可以加速增长的更好的商业模式。我对 Meetup 进行了初步研究，发现要求组织者为 Meetup 付费阻碍了公司的发展——会员获取了最大的价值，而他们却很少为这一价值付费。我把新高管招进公司后，跟他们讲我发现了一个更好的商业模式，几乎每个新高管听后都热情拥抱这个新机会。然后，我们深入研究了数据，发现要求会员支付少量预订费

（回复参加活动时所交的费用）时，他们在活动中现身的可能性几乎增加了一倍。巧合的是，我们的社群组织者抱怨最多的是，有些会员回复说参加却最终并没有在活动中现身。这一变化对各方都有利。然后，我们又进行了财务分析，结果显示，如果我们不向组织者收费，转而向会员收取 2 美元的预订费，公司的收入实际上会翻一番，这听起来是个各方共赢的好方案。商业成功不一定是零和游戏，也可以有更为完美的解决方案，确保各方——Meetup 会员、Meetup 组织者、Meetup 及 Meetup 员工（四个利益相关方）共赢，领导者的工作就是要找到每一个利益相关方，而不是假设所有的决策都呈现二元结果。

在这种新的商业模式中，我设想的是，我们的组织者——Meetup 的核心和灵魂——能够获得报酬，而不是付费去组织 Meetup 群组。向组织者支付报酬势必可以显著增加潜在 Meetup 群组组织者的数量。“零工经济”已经火了几十年，越来越多的人，尤其是千禧一代正在避开为传统公司工作，希望拥有企业家身份附带的灵活的时间表和主体意识。许多人不会在某天早上醒来说“我想付费成为一名社群组织者”，但对成为企业家感兴趣的高达数亿人。他们想要一个扩展选择的空间。苏格兰的葡萄酒爱好者可以使用 Meetup 来创建课程，吸引追随者（他做到了）；冰岛的登山者可以使用 Meetup 开展徒步旅行业务（她做到了）。他们做到了，世界上数百万有类似想法的人也同样可以。

公司支持这些举措，因为我们深深融入了我们的价值观，而我们的价值观支持这一战略转变。为决策确立正确的锚点对于推动一致性至关重要。我们的锚点就是我们的价值观。

现在为决策提供背景和理由变得越来越容易——因为我们的决

策是我们价值观的直接结果：如果我们需要决定是否向整个公司公开我们的财务状况，那么信任透明度明显就是这个问题的答案；如果我们需要决定是否投入资金，开展经理培训，我们审视一下提升层次，答案也就不言自明。我觉得公司开始有了迅猛发展的势头。

上任 90 天后，公司出现了问题就会被视为（不合理！）你的过错，而不是前任领导的过错。你可以这样解决：

- 设定短期目标来实现你的长期战略。小规模胜利可以鼓舞员工的士气，使计划得以迭代。
- 在各级员工的参与下打造公司文化。真正的改变只能来自为改变而进行的深入和频繁的交流。
- 如果授权员工不起作用，你可能必须对员工进行微观管理。虽然授权通常更好，但也不排除有时根本行不通。
- 你的增长战略应该集中在少数几个最强的机会上。公司失败更多是因为专注度不够，而不是专注于错误的机会。

第六章 意外不期而至

06

在你担任领导的第三和第四个季度——相当于大一的第二个学期——随着早期决策的后果开始显现，一切后果开始和你息息相关，这可能令人兴奋，也可能令人沮丧，一切可能还会变得更糟。这也是第一次，你开始对入职后的前六个月中所做的决策担责。你很可能犯了一些错误，这没什么不好。如果你没犯任何错误，要么是你还没有意识到犯了错误，要么是你走了捷径，还没有做出过任何有意义的决策。

挑战 23　如果员工大量离职该怎么办?

对我而言，我不得不目睹一批 Meetup 员工离开公司，他们却感到无比兴奋。我从未见过这样的事。几乎每周下班后都会有几场告别派对和酒会。似乎我们为那些离职的人送行的次数比庆祝我们取得的任何可喜成绩的次数还要多。

这很容易让人联想，他们的离职是由于我作为领导缺乏信心所致。公司在“失血”。

如果你在领导位置上，你会如何“止血”？

决策 23　让员工走，并重建团队

首先，给大家提供一些背景知识，好让大家明白为什么大批员工离职会让我感到如此痛苦。我在担任投资百科网首席执行官期间，获得了与员工满意度相关的所有认可：我们赢得了《财富》杂志评选的最佳雇主；我们被克瑞恩商业评为纽约市 100 个最佳工作场所之一；我们被商业智能集团评为最佳出版领域工作场所，而且是连续 3 年！在我工作过的所有科技公司中，我们的员工保留率最高，员工流失率不到 10%，而行业平均水平约为 30%。

Glassdoor 是一个平台，现任和前任员工可以在平台上对公司及其领导者进行匿名点评。首席执行官们经常通过员工在 Glassdoor 上对他们的评价来判断员工的情绪。一言以蔽之：不要这样做！这或许比一位痴迷于将公司日常股票走势作为业绩衡量标准的首席执行官还要糟糕。

Meetup 在 Glassdoor 上的好评率直线下降，任何有点价值的人都想离开 Meetup，我认为，这样的消息传出后，聘请顶级人才将会变得很困难。

最糟糕的是，几乎所有在投资百科网获得成功的事情在 Meetup 不是导致了失败就是游走在失败的边缘。本·霍洛维茨在《创业维艰》一书中，对将决策建立在“战时”模式的基础上还是“和平时期”模式的基础上给出了一个精彩的概述。在一次经理会议上，我要求所有经理阅读这本书的那一章，我问我们是处于战时状态还是和平状态。答案几乎是一致的：我们处于“战时”状态，亟须做出大规模的变革。为了让 Meetup 取得成功，我必须大胆而为，大幅改变我的领导方式，将其调整为虽不招人喜欢却行之有效的方式。

这在领导力方面给我上了一堂极其重要的课：一个成功的领导者不能指望沿袭自己之前领导公司的方式。我们的团队需要采取许多与过去相反的管理方法，首先是如何留住员工。

因此，经过深刻的自我反省，我意识到员工决定离开其实并不一定是坏事。又过了一个月，我的认识又有所提高，开始拥抱并且非常感谢每一个自认为 Meetup 不适合他们的员工。

每个离开的员工给出的理由大体都是："这不再是我想要的文化。我喜欢大型派对，喜欢可以参与到几十个不同项目中，喜欢和一群充满使命感的同事在一起工作，但现在一切都变了，我想离开，去继续追逐我的梦想。"一些人对打造一个可持续发展的公司不感兴趣，而另一些人虽然对此非常感兴趣，但对我们可以实现这一目标不抱希望。我不希望团队中有人对我们的未来失去信心。不管员工离开的原因是什么，他们离开了我们就可以找人替代他们，这样更好。我们和新招募的人之间起码没有那些不快的经历，使得才华横溢的员工心灰意冷，对 Meetup 的未来充满疑虑。这是一个典型的文化债的例子。事实上，我经常说，那些要离职的员工如果把在 Meetup 工作多年留下的包袱一并带走，我们当初招募他们时就没看错人。

这符合我几年前琢磨出的一种叫作"透明分离"的方法，其核心要义是，你不要在毫无征兆的情况下突然解雇表现不佳的员工，也不要当场解雇他们。相反，你必须永保善良。与他们交谈，鼓励他们自己离开，让他们知道他们会被要求适时离开，需要尽快开始重新找工作。

员工们肯定会因此感谢我，因为我开诚布公，把事情讲得非常明白。如此一来，他们可以边工作边找新工作，还有助于他们维护自己的尊严和声誉。我与这些员工的关系实际上有所改善，招募新人来替代他们也更容易了，公司也避免了法律风险，其他员工也没有因为一个同事突然离职（HubSpot① 的怪诞术语称之为“毕业”）而措手不及。在这种情况下，我甚至不需要和他们谈离职的事情。

此外，如果 WeWork 让我们更快盈利，势必需要裁员，那么每离开一个人，我们就可以少解雇一个人。

每个离开的员工都是在帮助 Meetup 消除公司的“文化债”多年沿袭下来的不健康做法和态度。唱反调的人离开了；把简单决策复杂化的人离开了；认为自己的唯一职责是支持团队而非推动公司成功的管理者们离开了；认为做出与同事意见相左的决定会冒犯同事的人离开了。

因此，我没有“止血”，而是安排更多的水蛭“吸血”。最终我们替换上的员工数只是离职员工数的一半，因为我确信，迟早有一天 WeWork 还要“清算”我们（要求我们裁员）。随着 250 人的臃肿名册日益缩减，我越来越确信，每离开一个员工，我们就向成为一家“真正意义上”的公司迈近了一步。

不难理解，员工离职对现有员工的士气肯定会产生重大影响。我们进行了一次员工调查，结果令人震惊。本着透明的原则，我决定把结果告知所有员工。

- 只有 47% 的 Meetup 员工认为 Meetup 是一个很好的工作场所。
- 只有 38% 的人对 Meetup 的领导团队有信心。
- 只有 34% 的人认为 Meetup 团队能够有效协作完成工作。

---

① HubSpot 是美国知名的营销自动化软件开发商，公司成立于 2006 年，2014 年在纳斯达克上市。——译者注

团队动力跌入低谷，我决定站在公司员工面前，坦诚告知大家许多员工离职的事实，遮遮掩掩没有任何意义。正如我之前所言，“人们总是心中有数”。经理们经常自欺欺人地认为，如果某件事不去讨论，它就神奇地消失了。管理者不能坦然面对这一事实只会削弱其领导地位。不要回避不好的事情，虽然这会让你感觉很不舒服，但也没那么糟糕。

在员工不断离开的很长一段时间里，公司慢慢出现了积极的势头。我们心系员工。正向作用的聚会（不是离职聚会）得以恢复，一周一次社群聚餐（群组午餐）与一周一次公司聚餐交替进行。夏天时，我们又像以往那样在大多数周四的晚上在屋顶开烧烤派对。形势变得非常微妙：我一方面需要激励团队，另一方面又希望更多员工继续离开。我需要把最优秀的人才留住，而最优秀的人才也往往最容易另谋高就。

我给一些最关键的员工开出留任奖金，这很有帮助。对其他我想要留任的员工，我就与他们一对一谈话，跟他们讲我非常希望他们留下来，但我发现，他们在就业市场上炙手可热，一旦决定离开，他们肯定会在其他公司找到一个更好的职位。留下来的是恋旧派，他们真正深深认同我们的使命，希望能够坚持到底。

我觉得这样也好。我们想要那些恋旧派员工留下来，他们也确实留了下来。

事实上，我认为，如果人们愿意经受 WeWork 的狂风巨浪及其对 Meetup 的衍生影响，那么我们真的希望他们能够留下来。市场自有其完美的一面，该留下的人留下，该离开的人离开。因为我在员工去留问题上可以发挥的空间很小，所以我决定关注 Meetup 的业务开展问题。也就是说，我要亲自体验一下 Meetup 的业务。

我在会议上发言，会见了几十个 Meetup 组织者，去了不同的城市，邀请每个城市的 Meetup 组织者和我一起参加活动或喝点小酒，我想了解他们的目标。我自己也定了一个目标——每周参加面对面的 Meetup 群组活动。我没有根据自己的兴趣来选择参加哪些活动，而是让我的助理在曼哈顿和韦斯特切斯特县的 Meetup 活动中随机选择进行预约。我参加了一个萨尔萨舞活动，度过了我一生中最快乐的时光；我参加了一个商业战略活动，听一位企业家讲述她如何建立起自己的事业；我参加了远足活动和瑜伽课程，都让我倍加欣喜。

我尤其喜欢的是活动结束后，我会和组织者交谈，直到最后我才让他们知道我是 Meetup 的首席执行官，并对他们的辛勤工作表示由衷的感谢。我了解到他们关心什么，以及他们为什么会对某个产品感到失望。这种体验简直太棒了。

然而，我最大的感悟是，我应该从上任第一天就开始这样做，但我误会了最初面临的挑战。我不应该花这么多时间关注员工（不过，这对像我这样以前当过人力资源经理的首席执行官来说很难做到），而是应该重点关注产品；要亲力亲为，而不是把这项重要任务委托给别人。

我过去看到公司存在的内部问题太多了，所以觉得为了做对企业有益的事，我首先应该把这些内部问题解决掉。而实际上，如果我花更多的时间与会员和组织者交谈，在制定公司战略和确定产品重心方面就会做得更好。与会员和组织者交谈是我在 Meetup 工作期间最喜欢的时光。我不再对挑战感到沮丧，而是对公司的无限可能感到兴奋。

时值 2019 年夏天，WeWork 因即将到来的首次公开募股正处于亢奋状态。

WeWork 正处于鼎盛时期。7 月下旬，WeWork 排位前 200 名的高管聚集在布鲁克林的万豪酒店，参加为期两天的 WeWork 活动。活动的重点旨在告诉我们：首次公开募股路演进行得比任何人想象的都好。亚当·纽曼（还有公司高管、董事会成员和分析师）告诉我们，一旦 WeWork 上市，其估值（之前为 470 亿美元）可能会大幅飙升，顶级投资银行判断将有高达 50%～100% 的增长；他们还放出豪言，公司准备在几个月后上市，我们每位高管都至少能成为百万富翁（创始人能成为亿万富翁），没人提及任何可能发生的负面之事，没人在乎分析师们的担忧。显然，投资者忙着争夺投资特权，而银行通过提供前所未有的优惠，力图成为 WeWork 首次公开募股的牵头银行。

就我个人而言，我的直觉和思维在打架。我被身边所有 WeWork 高管的热情所感染。无论是出于买彩票赚大钱的心理，还是受到亚当·纽曼的蛊惑，外加亚当的得力助手阿蒂·明森的神助攻，他们说的所有话我几乎都信了。然而，我的直觉告诉我的与我听到的相矛盾。我的直觉是务实的，这种阵仗以前就曾出现过，可以回溯到 20 世纪 90 年代末互联网时代在 DoubleClick 工作期间，我的直觉一次又一次见证了那些被热情冲昏头脑的公司几乎很快就消失得无影无踪了。虽然我的思维主导我做出个人决定，但幸运的是，我厌恶风险的直觉主导我（作为 Meetup 的首席执行官）做出 Meetup 的决策。我对自己保持乐观，但也很现实地感知到，WeWork 定会走向深渊。Meetup 需要继续在 WeWork 之外保持其独立性和财务稳定性，这一点依然至关重要。我需要确保 Meetup 有更多的选择，以防万一。

然后，时钟敲响了 12 下，WeWork 的马车变成了南瓜，WeWork

的高管团队变成了老鼠。[1] 我从未见过这样的场景。就好像每个记者、分析师和商业领袖都害怕第一个说出灰姑娘其实是个赝品，但是一旦有人戳穿了，其他人便一哄而上，口诛笔伐之。《纽约时报》《华尔街日报》及其他知名出版商的文章详细报道了亚当的丑态：在公司飞机上吸食大麻；变卖公司资产，获利数百万美元等不一而足。媒体是残酷的。

我与一些我在投资百科网工作时期结识的财经记者交谈，了解到真相。记者们对撰写 WeWork 的负面新闻趋之若鹜，因为负面新闻吸引眼球，而关注度可以提升记者的收入和声誉。记者们告诉我，在一篇文章中仅仅提到 WeWork 就几乎可以保证数十万甚至数百万的浏览量。记者对 WeWork 及其任性的创始人报道的越多，公众渴望了解的就更多。尽管毋庸置疑的是许多记者深信揭开 WeWork 的真相非常重要，但更多记者只是希望通过进一步“消费”一家苦苦挣扎的公司来获取经济利益或提升名气。

搞垮一家知名公司带给出版商、科技公司和公众深深的满足感。Meetup 的高管团队和员工眼睁睁地看着 WeWork 的估值直线下

---

① 此处作者是在说“魔法过后”，WeWork“现了原形”。可以参考以下故事梗概：“从前，有一位长得很漂亮的女孩，她有一位恶毒的继母与两位心地不好的姐姐。她经常受到继母与两位姐姐的欺负，被逼着去做粗重的工作，经常弄得全身满是灰尘，因此被戏称为‘灰姑娘’。有一天，城里的王子举行舞会，邀请全城的女孩出席，但继母与两位姐姐不让灰姑娘出席，还要她做很多事情，这让她很伤心。这时，有一位仙女出现了，帮助她摇身一变成为美丽的公主，并将老鼠变成马夫，南瓜变成马车，又变出了一套漂亮的衣服和一双水晶（玻璃）鞋给灰姑娘穿上。灰姑娘很开心，赶快前往皇宫参加舞会。仙女在她出发前提醒她，不可逗留至午夜十二点，因为十二点以后魔法会自动解除。灰姑娘答应了，她出席了舞会，王子一看到她便被她迷住了，立即邀她共舞。欢乐的时光过得很快，眼看就要午夜十二点了，灰姑娘不得已要马上离开，在仓皇间留下了一只水晶鞋。王子很伤心，于是派大臣到全国探访，找出能穿上这只水晶鞋的女孩，尽管有后母及姐姐的阻碍，大臣仍成功地找到了灰姑娘。王子很开心，便向灰姑娘求婚，灰姑娘答应了，两人从此过着幸福快乐的生活。”——译者注

降，在短短几周内从470亿美元（其最新一轮估值）降至400亿美元、300亿美元、200亿美元。然后有消息传出，WeWork的估值下降到大约100亿美元，然后首次公开募股被取消了。WeWork的主要投资者软银和WeWork的董事会给亚当下了驱逐令。几乎所有拥有WeWork股票期权的Meetup员工都感觉喜忧参半：一方面他们乐见他们最讨厌的母公司开始土崩瓦解，一方面对个人财富的损失又感到不安，还担心会对Meetup造成潜在影响。

无论从字面意义上还是象征意义上来说，夏日的辉煌已经过去。随着天气转冷，Meetup也开始式微，我决定去父亲的墓地寻求安慰。自从父亲2013年去世后，我和母亲每年新年前夕都会去位于纽约长岛的贝丝·戴维公墓（Beth David Cemetery）给父亲扫墓。2019年9月20日，我站在父亲的墓碑前，接到我的新经理丹·特兰（Dan Teran）的电话，这次通话决定了我未来6个月的工作重心。

Meetup即将被出售。

我来到墓地时情绪已经有些激动，而接到电话后的恐惧、不确定性及对自己和公司的严重担忧压得我喘不过气来。我在WeWork工作了11个月，但感觉好像过了11年。经历了这次过山车事件之后，我渴望稳定。我问公司出售事宜何时公开。丹告诉我，可能没几周了，我不用担心消息会泄露出去。

几天过去了，正如我的经理所说，WeWork没有放出任何消息。然而，5天后，丹打电话告诉我，他得到消息，一家主要出版物将刊发一篇文章，宣布Meetup将被出售——就在几分钟之内！我的第一个想法是：瞧，WeWork这辆过山车很快又启动了；第二个想法是：我不能让所有员工通过朋友发给他们的短信来了解此事。

挑战 24　什么时候做决策？

决策 24　立即

行为心理学家将现状偏见称为大多数个体维持现状的偏好。这就是为什么大多数学生会坐在他们第一天选择的座位上，因为最初的座位现在已经固化为现状。这种偏见是禀赋效应的结果，即人们赋予他们当前处境的价值比在此处境之前的价值更大。现状偏见往往导致决策惰性。换句话说，领导什么决策都不做。

在我的职业生涯中，我有机会与许多管理界大咖会面，他们给我上了重要的一课。第一个当推的是约翰·斯卡利（John Sculley），他接替史蒂夫·乔布斯成为苹果公司的首席执行官，后来乔布斯回归苹果公司后又接替了他。在加入苹果公司之前，他经营百事公司，是公认的营销天才。我在商学院读书时，参加过他的一家投资组合公司的面试。我问他："什么使你成为如此成功的领导者？"他的回答是："任何时候只要我有事情要做，我都会立即去做。"这就是关键：行动要快。我经常看到首席执行官和其他领导者害怕做决策，但他们很少意识到不做决策本身就是一个决策。

我在投资百科网担任首席执行官期间，在一次董事会晚宴上，我发现自己坐在已故的大人物杰克·韦尔奇（Jack Welch）旁边。杰克·韦尔奇是投资百科网母公司 IAC 的董事会成员。我问他："你被《财富》杂志评为'20 世纪最佳经理人'，真是太优秀了。究竟是什么使你成为如此高效的领导者？"他回答道："你能做的最重要的事情就是赢得员工的信任，而做到这一点的最佳方式就是透明度。"这句话简直是人生箴言。随着 WeWork 宣布要出售 Meetup，我有机会在我的职业和个人生活中实践这句箴言。

我还犯了一个错误就是在我的职业生涯中没有大胆、快速地行动，错过了一个如今价值过亿（美元）的一个机会。2011 年 12 月 16 日（电子邮件我还留着），我收到了布鲁斯·布朗（Bruce Brown）的一封简短邮件，他是一家猎头公司的管理合伙人，受雇于旧金山一家名为优步的小初创公司。邮件写道："戴维，我知道我们公司有几个人在过去已经联系过您……董事会要求我再度与您联系，商谈由您出任纽约市优步总经理事宜。标杆资本（Benchmark）的比尔·格利（Bill Gurley）希望能在初步商议和保密的基础上与您商谈。"优步正在寻找他们下一个城市的负责人，准备开始大规模扩张。我问我的终身导师戴维·罗森布拉特我应该怎么做。他的回答是："标杆资本的比尔·格利是顶级投资者，人也非常棒。比尔对优步非常感兴趣，但我对优步一无所知。如果你去了优步，可能不会像比尔那样对优步如此感兴趣。"我没有怀着很大兴趣快速跟进，结果这个一生难求的机会就这样溜走了。当我的孩子问我，我原本可以成为优步的早期员工，随之赚取巨额财富，这么好的机会我怎么就没抓住呢的时候，我通常会说："如果我当时加入了优步，也许优步不会像现在这样如此成功，所以我实际上也没有失去什么。"

最后再举一个来自我个人生活的例子：1999 年，我和妻子订婚那个时期，Zillow 还不存在。Trulia、Redfin 或任何房产搜索网站都不存在。新婚夫妇通过中介或报纸上的广告寻找待租公寓。我和妻子知道，如果我们通过常规途径购买我们的第一套公寓，我们得与成千上万想租房的人竞争。因此，我们需要找到一条比别人更有创造性、更具主动性的道路。婚礼前的那个星期天，我们在纽约州河谷镇（Riverdale）的社群里穿梭，挨个敲门问大楼管理员，是否有尚未上市的公寓出售。但这被证明效率很低，因为在过去的几天里，很少有出售的房源。

我们需要凭运气，找到有人正在搬家，“抓个现行”。我们正在谋划时，发现前方几个街区外有一辆行驶的卡车。我们开始跑，疯狂地跑，跟着卡车看它要停在什么地方。然后，我们偷偷跟着搬家工人溜进公寓，得知那套公寓因为紧急情况马上就要腾空了。我们敲开管理员的门，告诉他，我们想要当天就把那套公寓买下。

从那以后，我和妻子又买了或租了另外四套房子。没有一套公寓或房子是通过常规方式租到或买到的。我们主动出击，物色想要搬进哪个社群，然后就“广撒网”，在居民的门口留纸条，询问他们是否有意出售自己的房子或是否知道其他人有此意向。我的妻子带着我们两岁的女儿“一日游”，一天能给几十户人家留纸条，敲几十户人家的门。你猜怎么着？每次我们都能“撞上大运”，被告知有人正想去市场上出售他们的房子，但想先和我们聊聊，看看他们是否能不经过房地产经纪人就把房子卖了。

上述例子的成功经验是：立即采取行动。现在也到了立即采取行动的时候了，与 Meetup 员工一道立即采取行动。

为了避免破坏我与员工建立起的信任关系，我选择坦诚相见，尽可能透明，告诉员工们我所知道的一切关于公司出售的事宜，而实际上，我当时什么都不知道。虽然我无法提出确切的解决方案，但我知道我需要先于媒体把消息告诉他们。

我告诉经理丹·特兰立即到办公室召开紧急会议。我什么都不知道，但至少我知道丹知道的比我多些，让他出席可以表明我们都处在不确定性的乌云中。人在悲伤的时候喜欢有人陪伴，没有着落时更需要有人陪在左右。

我在 Slack Channel 给所有员工发了一条紧急信息，让他们到我们的全员会议室集合。丹告诉我，在文章发表之前，我们可能有 15 分钟到 20 分钟的时间。员工们开始鱼贯而入。万一丹搞错了，我们只有 10 分钟的时间，而不是 20 分钟呢？我真的会因为区区 10 分钟而失去员工的尊重吗？丹到了。还剩 5 分钟。我以最快的速度脱口而出："WeWork 要把我们公司出售！"后面的一位女员工高兴地尖叫起来。毫不夸张地说，不到 1 分钟，关于 WeWork 出售 Meetup 的文章刊出后，我听到了房间里几乎每部手机都在嗡嗡响。灾难避免了。

你虽不必马上迎接每一个挑战，但重要的是要明白时间观念不强会毁了运气。例如，我的一个朋友经常哀叹自己买房时多么不走运。出于某种原因，其他人总是不知从哪里冒出来，买下他"看好"的房子。求职时，这位朋友似乎总是"千年老二"。要知道，此非巧合。不是他运气不好，而是他思虑太久，错过了大好时机，导致他一次又一次与机会擦肩而过。

要被剥离出 WeWork 的其他子公司的首席执行官没有立即召集所有员工来宣布消息。他们坐以待毙，所有的员工与他们的朋友和家人一样都是通过新闻报道了解到他们的未来。一家同样被列为出售对象的公司的首席执行官告诉我，他非常后悔没有迅速采取行动，把他的团队团结起来应对局面。如果说 WeWork 的员工在公司垮掉期间感到孤苦无助，那么 WeWork 旗下的几家子公司的员工更是感觉成了 WeWork 的弃儿，特别是 WeWork 投资组合中的每一家公司都在亏损，而如今这个时期更是现金为王。由于行动迅速，我们很幸运，也标志着我们主宰我们运势的开端。

在推动明智的领导决策时，运气很少得到应有的重视。人们因运气而受到斥责或称赞，而运气可以用来自我解嘲，也可以作为终极的恭维。成功的人谦逊地将其成功归咎于运气，而落魄者则将其失败归咎于运气不佳。正如谚语有云："努力工作会让你得到好运眷顾。"如果你努力工作而又不失聪明，你就越有可能走运。但是你能把自己放在一个一直幸运的位置上吗？你能采取非常具体的行动来显著增加你最终幸运的机会吗？运气可以逆向操纵吗？

在我的一生中，我的朋友和家人经常惊讶于我的好运。坦白地讲，我也经常感到惊讶，因为我遇到的事情大多比较容易解决，而且结果也通常非常好。与许多在生活和事业中苦苦挣扎的人相比，我认为自己不如他们聪明，不如他们努力，不如他们精于计划。在很多方面，我的生活并没有多少起色，但后来我发现了一条途径，可以助力运气以远高于平常的频率降临，我的生活开始大改观。

我一直相信生活是一场数字游戏。扩展选择：如果你遇到的人足够多，就能找到如意的人生伴侣；如果你参加的面试足够多，就会找到加速你职业生涯上升的工作。永远记住：善待他人。尽己所能帮助他人，而在你最需要帮助的时候，回报你的不是运气之神，而是那些你帮助过的人，他们对你充满感激，极力想找机会回报你。

要想有运气就得不断让自己处于"终得运气"的境地。尽管媒体喜欢报道有些从未买过彩票的人买了一次彩票就中奖了的事情，但超过 90% 的彩票中奖者都是定期购买彩票的人。事实上，如果你买 10 倍数量的彩票，你就有 10 倍的机会成为"幸运赢家"。做出决策时，你需要以增加"彩票"购买次数的方式使"中奖"机会青睐于你。

我们每个人每天都要做成千上万个决策，从日常琐事（今天早上我应该往碗里放多少麦片？）到关键决策（我该不该和交往3年的男朋友分手？），我们做的每一个决策都会增加或减少成为幸运儿的机会。一些决策（但很少）是“陷阱门”，减少了你幸运机会的选择数量。决策过程中最不受重视的因素之一是这个决策是增加了还是减少了你的选择。

不妨来看几个例子：

简酷爱金融，但选择做大宗商品交易业务，还是入职投资银行呢？对此，她犹豫不定。她向朋友和家人寻求建议，她们问她对哪一个领域更有激情。她选择做大宗商品交易业务，故此犯了一个大错。

简的职业生涯刚刚起步。她还没开始工作，无从知道她会喜欢什么。大宗商品交易是一个利基[①]职业，以后的工作前景是成为另一家公司的大宗商品交易员。如果简选择入职投资银行，她可以在未来的几十种职业中发挥这一技能。选择做大宗商品交易业务严重限制了她的选择，因此也丢失了她成为幸运儿的机会，而选择入职投资银行为未来的就业创造了数百个潜在的机会。

萨姆（Sam）喜欢画画，决定用他继承的5万美元买下一个画室。而萨拉（Sara）决定花5万美元购买一辆休闲车，这样她就可以在车上载着画布和颜料，在接下来的一年里逛国家公园、参观美术馆、会见艺术品经销商。

---

① 利基是指针对企业的优势细分出来的市场，这个市场不大，而且没有得到令人满意的服务。“利基”一词是英文“Niche”的音译，利基营销又称“缝隙营销”或“补缺营销”，又有称为“狭缝市场营销”。菲利普·科特勒在《营销管理》中给利基下的定义为：利基是更窄地确定某些群体，这是一个小市场并且它的需要没有被服务好，或者说“有获取利益的基础”。营销者通常确定利基市场的方法是把市场细分再细分，或者确定一组有区别的为特定的利益组合在一起的少数人。——译者注

两人都在为自己的激情投资，但萨姆限制了他获得灵感和建立关系的机会，而萨拉则打开了格局：她可以置身公园画出数千种不同的风景，并与数百人分享。一个创造了选择机会，而另一个限制了选择机会。你觉得这两个人最后谁会更“走运”？

我还学到另一个创造运气的重要方法：确保你周围的人了解到的信息和你一样多，这样任何人都有可能为做出正确的决策贡献才智。下面我们要谈的就是直接关乎这一方面的挑战。

挑战 25　对于公司面临的深层挑战，你能否与员工坦诚相见？

决策 25　诚为上策

撕下创可贴，露出伤疤。要坦诚相见，实话实说，不管事情如何不堪，尽快说出真相，员工和顾客会为此感谢你的。事实上，他们可能已经知道了真相，如果你也表明已经意识到问题所在，并且愿意着手解决问题，他们就会放心了。

每个 Meetup 员工都感谢我做事公开透明，感谢我在消息公开之前把真相告诉他们，这提醒了我，确保员工在可控的环境中了解到对他们产生重大影响的消息有多么重要。虽然看起来很傻，但我在报纸公开 Meetup 被出售前两分钟将这一真相告诉员工确实意义重大。

几周后，也就是 2019 年 10 月，随着 WeWork 陷入混乱的旋涡，我再次面临选择是否要公开透明，在多大程度上透明。

Meetup 被收购后不被大规模裁员的可能性为零，每个员工都深知这一点。Meetup 的员工们都知道首次公开募股被取消了，亚当·纽曼被解雇了，而且，新的联席首席执行官（Co-CEOs）[①] 刚刚在全公司会议上宣布 WeWork 将进行大规模裁员。在我们每月一次的员工倾听会上，一名员工问我，WeWork 宣布将大幅裁员，裁员是否也适用于 Meetup。我料到会有员工问这个问题，现在确实有员工问了。我知道我们需要告诉员工真相，但让员工再经历一次创伤，在紧急全体会议上得知自己被解雇的消息，我实属不愿。遗憾的是，这将是 Meetup 连续第三次在 12 月进行大幅裁员。真是糟糕透顶。

我决定最大程度保持透明，因为我认为透明更具人文关怀。我告诉员工，我们也不得不大幅裁员。令我惊讶的是，有人松了一口气。因为员工想知道真相。谣言已经满天飞了，我把计划裁员的消息告诉他们，以便他们能够充分了解形势。

员工听到我宣布的消息后，焦虑从是否会裁员转移到什么时候裁员及裁员多少上面。我看到有些员工挤在角落里窃窃私语，还有一大群员工边走边聊。我们正处于 Meetup 被出售的紧张期，员工的工作几乎完全停顿。我们需要在 48 小时内做出决策、执行决策。这是我们能做的最具人文关怀的事了。

然而，不幸的是，“人文关怀”和“我们要工作”成了悖论。员工的焦虑和偏执达到了顶点，心理上的创伤使得许多人混天度日。Meetup 面临的紧迫任务是行动要快，完成裁员方可步入正轨。但是 WeWork 不允许我们这么做。

---

① 联席首席执行官制度，即“Co-CEO 制度是指两个或多个人共同负责 CEO 这个角色的体制。Co-CEO 制度最早出现在 1976 年，高盛高级合伙人莱文去世，公司管理委员会决定由约翰·文伯格和约翰·怀特黑特两人共同作为高盛的继承者，原本不看好的两人通力合作，反而把高盛带入了世界顶级投资银行的行列。后来，一些公司也在进行经营层交接与两个公司合并时，尝试采用联合（席）CEO 的公司治理模式”。——译者注

WeWork 已经向公司宣布裁员的消息，但尚未执行，希望所有部门裁员可以同步进行。我不是很清楚此举是深思熟虑的决定还是组织混乱的结果。因为裁员迟迟不开始，有些员工不再等待被解除用工关系，而是选择主动离职，省去了公司数千万美元的遣散费。然而，我在乎的不是省钱，而是消除员工的焦虑。我恳求 WeWork 允许 Meetup 在 WeWork 定出的时间表之前执行裁员，他们坚决不同意。几天后，我再次苦苦哀求，他们依然不为所动。在 Meetup 办公楼的每个空间，我无时无刻不在感受每个员工的压力，压得我喘不过气来。这可能是我职业生涯中经历过的最困难的时期。我也考虑过，在 WeWork 允许我们开始裁员之前干脆不去办公室了。

于是，我开始大胆而为。我提高了红色警戒级别，开始主动出击，绝不打退堂鼓。我给 WeWork 的首席财务官、人力资源负责人及并购部门负责人打电话，向他们解释说，如果员工一直担惊受怕，Meetup 就无法快速推进销售。如果哪家公司想收购我们，与我们的员工交谈，他们看到的将是恐惧，而非信心。我告诉他们，批准 Meetup 尽快开始裁员符合 WeWork 的最大利益，而不是在给 Meetup 的员工争取利益。“游说”成功了。我们在周五获批裁员，整个周末我与人力副总裁及领导团队投入工作，并在周末过后裁员便执行完毕，不给 WeWork 留下改变主意的机会。我们再次占据了先机。什么时候是采取行动的最佳时机？答案只有两个字：立刻。

9 个月前，我曾试图通过尽可能少裁员来获得员工的认可，我错了。这一次，我要着眼长远，目标是以后再也无须裁员了。我们决定重组工程和产品团队，从现有的 210 名员工中裁掉 75 人，使员工人数减少到 135 名，这样，在下一年度我们就可以达到收支平衡。此事被媒体报道了，这让 WeWork 大为不悦，但我不在乎。Meetup

的员工终于松了口气。此乃英明之举。

当然，我为 Meetup 计划的未来和强加给我们的未来之间存在冲突，这引出一个非常明显的问题：我的未来是什么？

挑战 26　公司陷入困境时，该怎么办？

决策 26　首先要着眼大局

更为复杂的是，WeWork 的并购团队告诉我，他们计划在一个月内卖掉 Meetup。一个月！有些人可能不太熟悉公司并购交易流程。要知道，典型销售流程从决策到执行通常需要 9 个月到 12 个月，甚至更长时间。他们仅是雇用我就花了 3 个月的时间。

WeWork 认为，如果我能引进一个我认识的买家，他们就能实现在 1 个月内卖掉 Meetup 的目标。买家了解我、信任我，因而也会了解我们公司，并购过程自然就会很快。WeWork 的总裁阿蒂·明森是负责招聘我的主要负责人，也是我非常尊敬的人，他告诉我，我应该尽快联系我认识的任何投资者，看看他们有无兴趣收购 Meetup。

我答应会尽快联系，但没抱成功的希望。我从来不是真正意义上的初创公司创始人，认为自己没有多少强大的风险投资或私募股权人脉。我乐于待在 Meetup 首席执行官的位子上，全力支持 WeWork 出售 Meetup，无论 WeWork 选择哪个买家，我都会做好配合工作，出售 Meetup，也“推销自己”。我的身份与 Meetup 的身份紧密相连，放弃 Meetup 就意味着丢失了我的灵魂。我不想离开，无论哪家公司买下 Meetup，我都想继续留下来。许多领导者有着和我一样的感觉，即便公司被出售了，依然想继续留在自己创建或领导的公司，因为他们的个人身份与公司的身份完全融合在了一起。这是极其危险的。

我承担起支持 WeWork 出售 Meetup 的新角色。反思此事时，我认为我并不是没有自己去寻找买家的信心，而是全然没有出售公司的一手经验。我给 IAC 的首席执行官打了一个电话（IAC 是我之前任职的公司投资百科网的母公司）。我告诉首席执行官，IAC 可以收购 Meetup，重点是行动要快。他们行动确实很快，立即告诉我他们不感兴趣。

瞧，我努力了，但人家没兴趣，就是这样。WeWork 给我发薪水，Meetup 是 WeWork 的子公司，所以，我的工作重心应该是支持 WeWork 的并购团队，而不是自己去寻求交易。对我来说，最好是保持低调，避免像数千名 WeWork 同事那样被迅速解雇。还有，尽管首席财务官提出来让我去寻找买家，但寻找买家本身可能会被视为一种反抗。我的新经理已经被解雇了，几乎所有和亚当·纽曼关系较为亲密的高管都被解雇了。

我知道 WeWork 需要的时间肯定会超过一个月。不是别人，正是“速战速决”之王亚当·纽曼告诉过我，他学到的最重要的一个道理是，你必须首先迈稳脚步方可迈快脚步。此言甚是。由于开始步子走得太快，WeWork 卖掉 Meetup 所花的时间比公司预期的要长很多。

这让我有时间重新思考我在 Meetup 的角色，不再惧怕未知。

挑战 27　你是否有勇气冒着被即刻解雇的风险大胆而为?

决策 27　要么横刀立马，要么解甲归田

危中有机。永远自信。大胆而为。

我接受 Meetup 首席执行官这个职位时，一个吸引我的地方在于 WeWork 已经收购了六家其他公司，还要收购更多公司。我可以扩展选择：就像在 IAC 时那样，我可以有机会与 WeWork 投资组合业务的首席执行官们建立起关系。殊不知，正是与其中一位首席执行官建立起的关系改变了 Meetup 的未来。

在 WeWork 宣布出售 Meetup 大约一周后，我接到了 Conductor 的首席执行官赛斯·贝斯默特尼克（Seth Besmertnik）的电话。大约一年前，WeWork 收购了 Conductor。我和赛斯理念一致，都对 WeWork 的用人问题感到困惑，都深信要照顾好我们的团队。赛斯是一个天生的企业家，拥有资深企业高管的情商和以人为本的情怀。我尊敬他，不仅因为他是个成功的企业家，而且我还欣赏他的领导风格、铁汉柔情以及永不言弃的信念。在电话中，赛斯对我说："戴维，你需要从首席执行官的思维方式向创始人的思维方式转变。"我不知道他在说什么。我是首席执行官，从未做过创始人。我只知道非创始人首席执行官似乎总是比创始人首席执行官更加理智，除此之外，他们之间到底还有什么区别呢?

有十几个人给我提过建议，赛斯是第一个建议我转危为机的人。他正在计划购回 Conductor，建议我也同样可以购回 Meetup。我不应随波逐流，而应引导潮流。我苦笑着说我和他不一样，我不是

Meetup的创始人，也没有进行收购的人脉或个人资本。他说他可以把我介绍给一家大型科技公司的创始人杰森（Jason）。杰森经常与首席执行官和创始人合作，他听过我在WeWork会议上的发言，有意在收购中给我提供支持。我惊呆了。幸福来得这么突然吗？为什么不和杰森谈谈，看看情况怎么样？所以，我就请赛斯给我搭个线。

杰森做足了功课，对我们的谈话做了充分准备。他深谙如何快速行动。我们第一次交谈时，杰森就已经决定好要给我多少股权，为我拟好了首席执行官雇佣合同，并确定好以什么价格来收购Meetup。这令我感到颇为震撼。他告诉我，我们必须非常迅速地采取行动，否则就太晚了——理想的情况是，在3天之内就完成收购。我们应该起草一份购买Meetup的意向书发给WeWork。他的律师团队会把所需文书准备好，但因为他是收购Conductor的操盘手，不想再度出面收购Meetup，所以由我出面完成收购事宜。这就意味着在投资集团的支持下，由我作为买家来竞标收购Meetup。虽然我对此感到不是特别舒服，但我逐渐明白，这并不违法，也不悖道德，而且遵循了WeWork总裁对我的教诲。

鉴于Meetup亏损严重，杰森想以100万美元的价格收购Meetup。你可能会问，这么低的价格怎么可能成交？还是有可能的。因为我们已经做过预算，Meetup在2019年损失额约为2 500万美元。只要100万美元，杰森就能给WeWork止损，没花多少钱便能接下Meetup的业务。这种事情并非闻所未闻——事实上，曾经有公司在并购时，卖家付给买家钱，买家才同意从卖家手里接过生意。

我觉得这对WeWork来说可能不是一个特别好的结果，但是，WeWork急于找到买家，如果杰森乘机收购成功的话，我会非常高兴，因为我和Meetup的员工都将成为直接受益者。因此，在犹太新年（Rosh Hashanah）倒计时10分钟左右，我给WeWork的总裁及并购负责人各发了一封电子邮件，邮件是杰森的律师团队为我拟好的。信中要求取得独家经营权，并表示有兴趣在两周内以100万美元收购Meetup。犹太新年是一个为期两天的假期，作为一个犹太人，我在过节这两天内不能使用手机或任何其他电子设备。我先把邮件发出去，不知会得到什么反应。

随着假期结束，我急切地期待着他们的反应。也许WeWork同意了；也许他们会要500万美元到1 000万美元。太阳落山后，我可以使用手机了，我查看了收到的400多封电子邮件。WeWork根本没有给我回复。

WeWork连"邮件收到"都没有回，我认为这有点奇怪。也许我的电子邮件没有送达，但明明显示已经送达了呀。我决定再等几天，然后终于鼓起勇气去找WeWork的并购负责人，问他对我的提议有什么看法。他的回答是，那份提议不值得回复。我得让杰森知道我们报价太低，没有任何竞争力。我劝他把价格提高到2 000万美元，以达成交易，但他不为所动，他只愿意出1 000万美元。我不想再进一步侮辱WeWork团队了。杰森想要一笔几乎没有风险的交易，其结果是最终没能达成任何交易。

我和WeWork旗下企业的另一位首席执行官亚当·恩巴（Adam Enbar）走得很近，他掌舵Flatiron School——WeWork在收购Meetup前几个月收购的一家在线编程训练营。与许多被WeWork收购的其他公司的创始人不同，亚当非常感激WeWork对Flatiron的投资大大促进了Flatiron的发展。他很少被WeWork的疯狂所困扰，似乎总是抱有感恩之心，认为自己和Flatiron能成为WeWork的一员非常幸运。WeWork给Flatiron注入了大量资金，尽管自己也在遭受严重的财务损失，但 Flatiron 的发展速度远远快于 WeWork。

Flatiron 被告知，其是 WeWork 收购的公司中唯一一家被保留下来的。我心生嫉妒：我认为 Meetup 比 Flatiron 更好。为什么 WeWork 要保留 Flatiron，而放弃 Meetup 呢？我禁不住认为我失败了。

亚当·恩巴也建议我像创始人一样思考问题，还建议我尝试以管理层收购的方式收购 Meetup。真得谢谢亚当，他给我介绍了 5 家与他有关系的风险投资公司。尽管风险投资和私募股权公司中我熟识的人不多，但我确实与几百个创始人和科技高管有各种联系。他们可以给我搭桥，就像亚当·恩巴乐意为我做的那样。

我现在面临两个选择：我应该主动接触风险投资和私募股权公司，同时会见 WeWork 圈定的收购者，还是坐等结果，乐享其成？当然要大胆而为。“从首席执行官的思维方式向创始人的思维方式转变！”创始人横刀立马闯天涯，我也要策马扬鞭闯天下！

挑战 28　出售公司是采取迭代的方式，还是发起全面闪电战？

决策 28　发起全面闪电战

时间是劲敌。行动要快。成功与销售宣传的力度成正比，因此最好采取闪电行动，向潜在的 Meetup 买家发起上百次、上千次轰炸式的宣传攻势。

我决定自己去找 Meetup 的买家。就像我从商学院毕业后发起的电子邮件闪电战一样，我火力全开，联络了 100 多位创始人和“首席”级别的高管，请他们每个人给我推荐一个可能的买家。我不会半途而废，知道关键在于要抓紧时间。我想尽可能快地与每一个潜在的金融合作伙伴交谈，这样我们仍然可以利用速度优势。在接下来的 3 周里，我每天工作 16 个小时，与 100 多个潜在买家交谈，每人 30 分钟到 60 分钟。与此同时，我也不得不问自己：这样玩命是为了我自己还是为了 Meetup 的员工？

挑战 29　你真正的动机是什么？

决策 29　有益自己，做对企业有益的事

为自己创造可观的价值没有错，毕竟工作不是为了牺牲自我。做的事情有益自己，但同时确保做对企业有益的事。扪心自问：你的所作所为通过“标题测试”了吗？标题测试总能帮助我回答正确抑或错误。如果你的所作所为像标题那样绝对真实，并愿意拿给所有人看，那就做吧，否则，就别做。我听其他人称其为“证据 A 测试”不要把任何你不想在庭审中作为证据的东西写下来。由于真相最终几乎都会显露出来，如果更多的人使用这个测试，他们遇到的麻烦就会减少。我乐于为自己创造财务价值，同时也乐于为潜在投资者和员工创造价值。我要为 Meetup 寻找买家，为各方创造可观的价值。但要做到这一点，我需要知道 WeWork 卖掉 Meetup 愿意接受的最低价格是多少。WeWork 的首要任务是把 Meetup 卖掉，他们非常愿意为了速度而牺牲价格。

在谈判中，你必须知道对卖方来说什么代表胜利。如果我能了解到 WeWork 把什么视为“胜利”，我相信我能找到一个买家，这个买家认为出某个价格可以买到就代表他们胜利了。我知道 100 万美

元太低了，也知道 WeWork 只是想“回收”他们花的 1.56 亿美元的一小部分。那么，要想知道 WeWork 可以接受的最低价格，最好的方法是什么呢？直接问他们！

于是我打电话给 WeWork 的并购负责人罗希特·戴夫（Rohit Dave），告诉他，只有在我有把握能够成功的情况下，我才愿意联系我的联系人；只有在我知道 WeWork 可以接受的价格的情况下，我才有把握成功。这种逻辑非常合理，他告诉我 WeWork 要与董事会商议。WeWork 召开董事会会议之后给出了答案：3 000 万美元。简直中了头奖！找到肯出 3 000 万美元的买家似乎并不难。WeWork 不至于把 Meetup 损害到这样的程度，买入时花了 1.56 亿美元，而卖出时连找个肯出 3 000 万美元的买家都找不到。从 WeWork 购入 Meetup 以来，Meetup 的收入增加了大约 15%（尽管仍有巨额亏损），但我很有信心。我可以找到一个肯出 3 000 万美元的买家。

要确切知道自己的目标再去谈判。因为没有非常明确目标的会谈效率非常低，几乎不可能取得任何成功。目标明确，然后疯狂努力去实现目标。太多时候，人们只是疯狂地工作来实现目标，而他们追求的目标是什么自己并不清楚。

我问了几个朋友，作为这笔交易的首席执行官和中间人，我应该要求多少股份。杰森许诺给我公司 20% 的股份，但当时的报价是 100 万美元。我认为 20% 不太合适，似乎太高了。

我给凯文·瑞安打去电话，他是 DoubleClick 的前首席执行官，担任了我 20 年的顾问，曾与数百名初创公司创始人合作过。他告诉我，我自己占 10% 的股份，公司员工占 10% 的股份似乎很合理，因为没有我为这笔交易充当中间人，这笔交易就无法达成。我告诉他，那么多员工占 10%，而我自己就占 10%，这让我感到有点不安，但他坚信这个数额很合适，我为员工争取到了 10% 的股权池，他们会为之拍手称好。他还让我和他保持联系，有任何问题随时问他。

当时我一点也不知道，寻求凯文的建议后来让我找到 Meetup 的救世主和最终收购者。但我还没来得及美滋滋地盘算该找个什么样的买家时，我职业生涯中最严重的公关灾难不期而至，因为在激烈的售卖过程中引发了 Meetup 组织者们的反抗。这场灾难可能会大幅降低 Meetup 的估值，还可能导致我被解雇。但正如我在职业生涯中不断学到的态度：不要大惊小怪。

挑战 30　是回避还是直面灾难？

决策 30　直面灾难

立即道歉。承担起一切责任。不要找任何借口。没人在乎。

我一直相信，每一件好事都可能是一个小小的诅咒，而看似被诅咒的事有可能变成好事。重要的是不要立即去评判最近的痛苦事件实际上能否让你因祸得福。一场公关灾难最终成为一大幸事。事实上，它带来的好处巨大，其他买家甚至指责我“故意制造问题，以便让潜在的不安买家退出竞买”，事实当然并非如此。

事情是这样的：正如我之前说过的，我们制定了一项战略来改变 Meetup 的商业模式，取消向组织者收取平台服务费，转而向 Meetup 群组成员收取 2 美元的费用。所有工作都是组织者做的，为什么还要向他们收取费用呢？ Meetup 的成员只需象征性地支付费用，我们重在吸引更多的组织者。组织者创建更多的团体、举办更多的活动，成员自然也就越来越多。这正是我几个月前在公司的战略计划中制定的战略。我们已经为此酝酿了 6 个月，然后准备推出。不管 Meetup 是否被出售，我们都觉得这个战略不错。

理想很丰满，现实很骨感。

我们进行了一个小测试，代表了不到 1% 的组织者：20 万个组织者中的 50 个。

我们在特拉华州的一小部分组织者中开展试点，认为这样风险很小，然后从中总结经验。不幸的是，我们忘记了一个叫作社交媒体的东西。其中一个组织者非常愤怒，我们竟然开始向他的成员收费，并错误地认为我们在强迫他这样做（我们没有）。他决定把 Meetup 正在改变其整个商业模式的消息发到每个社交媒体平台上。他并不准确的推特推文迅速发酵。几个小时内，数万名组织者想知道我们在做什么，数千人威胁要取消组织的活动。每个人做的都是最坏的假设，以为我们正在推出一种新的模式，而实际上，我们只不过是在进行一个小规模的定价测试而已。由于 WeWork 名声不佳（媒体对 WeWork 的负面报道），几乎每个主要的商业出版物都在一夜之间报道了此事（基于不准确的信息）。

《福布斯》《商业内幕》《财富》和大约 100 家其他出版机构发布了我们计划开始对 Meetup 群组成员收费的不准确信息。Meetup 的几十个潜在收购者想知道，为什么我们试图在公司出售过程中进行重大的商业模式变革。我们得到了像 WeWork 一样的待遇，媒体连篇累牍地对我们进行负面报道。简直糟糕至极。作为首席执行官，我显然对此不能忽视。回应还是回击？强力推进你的计划还是向在社交媒体上随意发文的组织者叩头致歉，然后收回计划？你想让他们占上风吗？

力求务实。不妨让他们占上风。

做出这个决策（实际上可以说大多数决策）的诀窍是去掉“你”，因为你的感觉无关痛痒，你的自尊无关紧要，你的领导者头衔无关大局。唯一重要的是留住公司的客户。

我很快发出一封公开道歉信，每个商业出版物都刊发了。在信中，我重申 Meetup 非常重视组织者和客户的价值，并表示我们实际上并没有对现有客户的收费方式进行大幅调整。我们像往常一样，只不过是在进行一个小范围测试。我们很抱歉由于表述不清引发了恐慌和混乱。我们一直保持与组织者和成员协商，如果收费方式有任何变化，我们将为他们提供大量选项，以满足他们的各种需求和目标，并提前通知他们。

我们还决定发起一项名为 #MeetupLove 的活动，以减缓负面新闻的冲击。我们鼓励数百万名组织者和会员在社交媒体上分享他们的励志故事，讲述 Meetup 如何深深影响到他们的生活。活动非常成功。人们在社交媒体上分享了数以千计的积极故事，感激之情溢于言表，取代并遮蔽了负面新闻，重新激发了员工完成使命的斗志。面对非常消极的情况，我们没有回避，而是试图把柠檬变成柠檬水，转祸为福。

事情就是这样。发出道歉信、推出 #MeetupLovc 活动后，组织者们的愤怒情绪迅速平息。最终只有 7 名组织者因为此事取消（20 万个组织者中）了组织的活动。几个月来，收购者们问我们的第一个问题一直是："你做的会员付费测试到底是怎么回事，为什么引起了如此之多的媒体关注？"在尽职调查过程中，我们依然需要不断做出解释，此举可能降低了 Meetup 的估值。

我们吸取到两个重要的教训。第一，如果想要改变生态系统，必须在此过程中与合作伙伴进行及时、有效的沟通。正是因为这个原因，我们决定立即推出一个公共博客，让组织者们能够深入了解我们的产品和业务测试的首要任务。我们的博客，现在称为"社群议事厅"（Community Matters），有成千上万的成员和组织者阅读。要不是因为我们犯了上述错误，我们永远不会推出这个博客。第二，即使我们进行的是一个非常小型的测试，也需要倍加小心，因为任何事情都可能在公共领域被数百万名成员共享。

对我而言，所有这一切都印证了我的理念：如果你能做到公平、透明，事情就会迎刃而解。

总而言之，在接下来的两个季度里，你会看到之前决策产生的后果，还会遇到意想不到的障碍。这段时间虽然艰难，但比你在公司的前几个月要愉快得多。以下是关键要点：

- 如果有员工想离开，尽可让他们走。这是一个招募新员工的机会，同时留住真正想留下的员工。
- 与员工坦诚相见，把坏消息及时告诉他们，不管消息有多糟糕。他们会感激你告诉他们真相。否则，员工会从其他人那里听到消息。
- 如果出现不可预见的挑战，首先退后一步，放眼大局。WeWork决定出售 Meetup 时，我不得不后退一步，弄清楚自己在出售过程中需承担什么角色。在充满挑战的时代，你也必须时常后退一步。
- 抓住危中之机。不要被困难吓倒，错失利用这些独特机会的机会。
- 掌握销售流程。迅速卖掉你的公司。尽快与尽可能多的买家洽谈售卖事宜。
- 坦然为自己创造价值，只是不要为了自身利益而牺牲公司的利益。
- 直面灾难。担下责任，即使不是你的错。无论如何你都会受到指责，所以干脆担下责任。

第七章 07

引领新担当

既然我摸清了 WeWork 的底线以及我要得到什么，我开始联系我认识的每个与潜在投资者有联系的人。这并不是说我认识多少投资者（其实我认识的并不多），而是我的关系网中有不少人认识投资者。我一直在构建一个庞大的网络，尽我所能借此帮助他人找到高管职位或者招聘到高管。这些年来，我帮助过的人没有上千个也有好几百个了。无论称之为好人好报还是寻求帮助，我都决意扩展选择。

挑战 31 如何找到投资人？

首席执行官好比一艘舰船的舰长：他应该知道每个船员的名字，通晓一切如何运作，选择优秀船员驾驶舰船，让每个船员都能安心地听从命令。理论上是这样。实际上，我连掌舵一艘五流英国护卫舰的经验都没有，我不过是一家科技公司的高管。那么，既然毫无经验可言，我如何才能通过作为首席执行官的关键条件之一——找到投资者呢？

决策 31 利用人脉网络

我火速造访我的诸多联系人，将其作为一次学习之旅。大多数首席执行官会告诉你，他们的工作是孤独的，确实如此。强势的首席执行官通常不受欢迎，但他们并不在乎。在我职业生涯的早期，作为领导者，我效率不高，因为我过分在意团队和直接下属对我的看法。年度表现反馈出来时，我希望结果是“受人拥戴”。这能满足我的虚荣心，但无益于公司业绩。大多数首席执行官都很孤独，因此希望得到团队的爱戴，这就是为什么像青年总裁组织（Young Presidents' Organization，YPO）、伟事达（Vistage）、首领（Chief）以及其他领袖网络这样的组织如此重要：他们提供了一个社群平台。首席执行官们需要一个论坛来表达同情、分享最佳实践、了解他们面临的挑战是何属性。

我在投资百科网担任首席执行官时，我们公司隶属于 IAC，该公司旗下还有 Match、Tinder、HomeAdvisor、Angie's List、The Daily Beast、Dotdash、CollegeHumor 等十几家数字公司。IAC 董事长巴里·迪勒每年都把旗下所有公司的首席执行官和首席运营官召集在一起，召开为期 3 天的战略会议。巴里·迪勒是商业和媒体巨头。作为 IAC 和 Expedia 的董事长，以及福克斯广播公司（Fox Broadcasting Company）和美国广播公司（USA Broadcasting）的创始人，巴里获得了超过 40 亿美元的净资产，其睿智的视角是他与数千家企业打交道的过程中观察、学习的结果。巴里在一次私人聚会上把我介绍给安德鲁·科莫（Andrew Cuomo）州长，在 IAC 的场外活动上把我介绍给戴维·布莱恩（David Blaine），在 IAC 的董事会会议上把我介绍给迈克尔·艾斯纳（Michael Eisner）和切尔西·克林顿（Chelsea Clinton）。他对问题深思熟虑，对业务充满好奇，这表明他的领导风格发生了转变，从年轻时的极度好斗转到今天的高度支持。亚当·纽曼面试我时最后问我，他的好朋友巴里·迪勒是如何评价我的（没什么好奇怪的，纽约的科技亿万富翁们似乎都彼此相识）。我告诉他去问巴里本人。我得到了这份工作。我不确定他们是否聊到过我的面试，如果聊过，那么谢谢你了，巴里·迪勒！

在巴里·迪勒召集的年度 IAC 高管会议上（在公司办公楼之外的其他场所举办），我们一般花 30 分钟介绍业务，剩下的时间与其他领导者建立关系。回想起来，这些一年一度的活动绝非在浪费时间，它使每位领导者都有机会向业内最聪明的商业头脑学习，并建立可以持续数十年的关系。这个活动可圈可点之处在于它没有打着业务增长的幌子，其明确的目标定位于互诉衷肠、发泄情绪，使首席执行官同事们建立起牢固的关系。

正如前面提到的，我接受 Meetup 的职位时，最吸引我的一个地方在于 WeWork 已经收购了三四家其他企业，而且还要收购更多企业，这样我就有机会与 WeWork 旗下企业的首席执行官们建立起联系，就像我在 IAC 时一样。所有这些经历助力我建立起一个强大的数字领导者网络。我知道我可以动用我的人脉网络，寻找潜在的买家。

不会有对话“落空”。我着眼长远。每一次谈话过后联系人都会帮我联络潜在的买家。然而时间不等人，我只有两周时间找到一个愿意出资 3 000 万美元收购 Meetup 的买家。与此同时，大约 60 个潜在的 Meetup 买家直接联系了 WeWork。所以，我联系了所有熟识的与私募股权或风险投资公司有关系的人。我联络了 Sequoia、Greylock、Bessemer、Rho、Matrix、Insight、TPG、Stripes、General Atlantic、Warburg Pincus、Blackstone、Riverside、Cove Hill 以及许多在其他公司的熟人，在大约一周内签署了 50 份保密协议，向每个人强调时间紧迫，而且只需 3 000 万美元即可收购 Meetup，回报会非常可观。我在开始时懵懵懂懂，到现在依然懵懵懂懂，但至少从中获得了乐趣。

能控制自己命运的感觉令我陶醉。我早上 5 点起床，准备开始一天 16 个小时的工作。除了像以往处理首席执行官的日常工作，我还要参加 WeWork 的尽职调查会议，为 Meetup 物色买家。我从不介意在较短时期内每天长时间工作。我一直重视工作和生活之间的平衡，但两周、三周或四周的时间里令人疯狂的日程我还是可以应对的——只要是暂时的安排，疯狂的日程还蛮有乐趣。

在这段不长的时间里，关于如何做出明智决策我学到很多，经验教训总结如下：

1. 真正睿智之人提供的视角非常宝贵。我与数十位风险投资领袖交谈过，他们每一位都评估过数百家公司，和他们的交谈相当于我可以利用数千家公司的集体智慧和经验。我们进行的对话越多，出现的相同主题和给出的相同建议就越多。我有幸拥有一个由数百名行业领袖组成的“董事会”，如果几乎每个“董事”给出的建议都一样，那么，肯定他们是对的，我是错的。几乎每个“董事”都告诉我，尽管之前 Meetup 进行了小规模裁员，但员工人数依然过多。而且，我们的一个业务领域也应该关闭，因为尽管前景良好，但几年内不会盈利。我听从了他们的建议，在这些谈话后不久便决定解雇大约 30% 的员工并关闭了一个业务领域。两个决策都是正确的。

2. 找一个你真正喜欢的投资者。我见了一百多个潜在的合作伙伴，简单来说，很多我都不想与之合作。虽然有些人有兴趣继续商议，但我认为人生苦短，没有必要和志趣不投的人一起合作。我意在着眼长远。尽管我寻找的是投资者，背后有强烈的经济动机，但只有志趣相投的人才能吸引我。我决定相信我的直觉，如果我的直觉告诉我选择不正确，我就遵从我的直觉，因为我服用了足够的益生菌，内脏足够健康，直觉足够敏锐。可以称之为“益生菌”测试。

3. 投资者愿意投资一家公司，通常更多是因为他们对首席执行官有信心，而不是对企业有信心。弗雷德·威尔逊（Fred Wilson）也许是纽约最有影响力的风险投资家。我和他在出售 Meetup 过程中有机会见过几次面。因为他之前是 Meetup 的董事会成员，所以他非常熟悉 Meetup 的商业机会和缺点，有意快速行动。他和我非常投缘，他告诉我，阻止他收购 Meetup 的主要因素是要对我进行详细的尽职调查，他认为我是首当其冲被考虑的因素。我很惊讶他认为我如此重要，但他说，他最终决定投资一家企业时，实际上是在投资首席执行官。首席执行官最终决定管理团队、公司战略和首要任务，而这一切都归结于对首席执行官是否有信心，首席执行官是否有能力。

我焦急地等待着结果，然后开始得到不是一两个，而是五个，然后六个，接着八个人的反馈，弗雷德向他们了解过我。加起来，他向十几个人了解过我。他跟我讲：“戴维，人们对你的评价两极分化：有些人——事实上大多数人——喜欢你，但是有些人真的不喜欢你。不好意思，我退出了。”我解释说，这些年来我已经解雇了五十多名高管，我做出的决策总会有人理解不了——但我的解释无济于事。他退出了。

这件事给了我很好的启示。真正的风险投资偶像弗雷德·威尔逊愿意向十几个人了解我，我有什么理由不去花更多时间通过私密渠道扎扎实实去了解我们的招聘对象？他的时间肯定比我的时间宝贵得多。此外，即使你需要让高管离开，也要尽最大努力维护自己的声誉。那些受损的关系会不期而至，阻碍你的成功，就像我的例子一样。教训深刻但极其重要。

4. **正确的激励措施可以极大地影响交易。**Bessemer 的合伙人杰里米·莱文（Jeremy Levine）是最受尊敬的科技风险投资者之一。我和他投资的公司有一些关系，因而有机会和他进行了 30 分钟的会面。从一开始，他就告诉我，他对 Meetup 不感兴趣。我知道我说服不了他，所以我很快改变主意，转而向他征求意见。他告诉我，我应该向 WeWork 要交易费。我以前没想过这一点，因为 WeWork 已经付我薪酬了，我作为首席执行官，按照 WeWork 的要求卖掉 Meetup 是我的职责所在。他解释说，WeWork 给我激励同样有利于 WeWork，甚至更多是为了 WeWork 的利益，因为那样我会最大限度地提高销售价格。他们给我（甚至我们管理团队的其他成员）一定比例的销售提成，将给 WeWork 带来直接的投资回报。他告诉我，我没有提交易费的问题，实际上对 WeWork 不利。

我离开时像打了鸡血一样。他让我要销售价格的 10%。他也强调了我之前学到的东西，为自己创造可观的价值没有错，也不一定与公司的最佳利益相冲突。事实上，如果一个首席执行官得到足够激励，就更有动力为所有公司员工创造更多价值。

10% 将是一笔巨款。虽然我很大胆，但我没胆要那么多，我从杰里米的办公室出来，还没回到我的办公室，就给 WeWork 的并购负责人打去电话，开门见山地说："我应该得到一笔交易费，这样做符合 WeWork 的利益，可以激励我和我的团队 100% 专注于最大化 WeWork 的销售价格，对大家都有利。"我采纳了杰里米的建议。WeWork 的并购负责人让我具体提下交易费。我提出的比例远远低于杰里米的建议值，但依然遭到了断然拒绝。他告诉我，向我和我的管理团队支付销售提成会为 WeWork 试图出售的其他公司树立难以承受的先例，他只能在交易结束时支付给我们一小笔固定费用。

我满口答应了，毕竟聊胜于无。我还要求给另一位高管奖金，她也付出很多，并购负责人也同意了。我很高兴打了这个电话——不开口你就得不到你想要的东西——但是，毫无疑问，WeWork 的决定是错误的。如果 WeWork 能够慷慨地向我们的管理团队支付销售提成，WeWork 可能会多净赚数千万美元。这不是 WeWork 第一次也不是最后一次做出糟糕的商业判断。

WeWork 决定在售后向我们一些领导者提供一小笔固定奖励，这使得我们对销售价格毫无兴趣。事实上，这使得 WeWork 最大化销售价格的企图与我的个人动机产生了矛盾。买家支付的价格越高，我和所有员工对我们未来期权的行使价就越高，这意味着当买家希望在几年内再次出售 Meetup 时，我们所有人的潜在收益就越低。更重要的是，买家支付的价格越高，他们的增长预期就越大，因而我和管理团队承受的压力也就越大。只有尽可能快地实现超额增长，才能赚回支出的高价。这种巨大的压力通常会降低长期成功的可能性。可以把 WeWork 视为“证据 A 测试”，用来验证巨大的增长压力如何破坏公司的价值。

我和管理团队更希望 Meetup 卖个低价，这既有经济方面的小算盘，也有心理方面的因素。WeWork 的动机显然与我们的完全相反，希望以可能的最高价卖掉 Meetup。然而，从诚信的角度看，我拿着 WeWork 的薪水，理应把 Meetup 卖给出价最高的人。我决定，诚信和信托责任必须先于个人利益，我又见了 WeWork 安排的二十多家公司，我们的团队与他们进行了洽谈，游说他们购买 Meetup。这一过程极其痛苦，也非常别扭，如果激励制度到位，这种局面本可以很容易避免。

5. **为自己、为公司、为员工争取利益无可厚非。**虽然我觉得不按 WeWork 的指令行事，只考虑个人经济利益很不妥当，但我愿意做做对企业有益的事和员工利益最大化的事情。一个战略买家（伪竞买者）面见了我和我们公司的首席财务官。在交谈中，他告诉我们，他的第一个行动就是解雇整个管理团队，包括我本人和绝大多数员工。他的计划是将 Meetup 融入他们的公司，这可能导致 Meetup 作为一个独立品牌的终结。另一位金融买家告诉我们，他们的目标是尽快将 Meetup 从目前的 200 名员工裁减到 50 名，并问我是否“准备好了”。这是不可逾越的底线。我不能激进到这种程度。公司倒是卖了，但自己因此丢了饭碗，还导致整个管理团队、大部分员工被解雇及公司业务的终结。

我的一个同事，另一个 WeWork 旗下企业的首席执行官采取了一种全然不同的方法。他拒绝会见 WeWork 安排的任何一个买家。如果 WeWork 想要把公司卖掉，就不要让他参与。他那种“要么别卖，要卖就别找我”的霸气给我留下了深刻的印象。我也这样考虑过，但我没有勇气那样霸气而为。后来我才知道，另一位首席执行官也是这么做的。在 WeWork 收购的公司的首席执行官中，实际上只有少数几个愿意会见潜在买家，我是其中一个。

我告诉 WeWork，他们可以继续寻找买家，但我不愿再参加会谈，因为我不愿把 Meetup 卖给那些旨在终结 Meetup 的买家。WeWork 有些不爽，正告我，我需要去会见那些买家。他们通知我，一位首席执行官将从西海岸飞来，我需要去见她。我再次拒绝了。我要让 WeWork 知道，如果他们想要解雇我，尽可以动手，但我知道他们不会那样做。如果你想卖掉一家公司，你最不希望看到的就是公司没有了首席执行官，以及首席执行官被解雇后管理团队的大变动。我手里有牌，牌打出后，他们取消了两次可能导致 Meetup 终结的会谈。

我决定向 WeWork 亮明态度：我倾向于哪些买家，反对哪些买家。我甚至接到了 WeWork 新任联席首席执行官塞巴斯蒂安·冈宁厄姆（Sebastian Gunningham）的电话，他让我按照最有利于 Meetup 的顺序对每个潜在买家进行排序。WeWork 明白，我和管理团队与 WeWork 的目标越一致，达成交易的可能性就越大；如果交易得到管理层的支持而且人员变动不大，出现混乱甚至诉讼的可能性就越小。但 WeWork 仍然拒绝推出正确的激励机制——而几个月后新冠疫情来袭，这将导致可怕的后果。

6. 助员工转“危”为“机”。我有一个独一无二的机会，有幸与 100 多位风险投资和私募股权领袖会面，了解如何扭转公司的局面，有一条建议我反复听到。相对我们公司的收入而言，我们的员工数量依然偏多。

碰巧，我的挚友、Stride Consulting 的高管迈克尔·凯尔曼（Michael Kellman）正在大量招聘优秀工程师，他告诉我，他的公司愿意对我们解雇的所有员工进行面试，通过面试后可以安排在他们公司或者他们客户的公司工作。由于我们的员工彼此之间感情深厚、相互关照，我知道这一举措将为那些被解雇的员工提供很大的支持，同时也向我们的在职员工发出一个重要信号——我们是一个相互照顾的集体。即使公司正在被出售，我仍然确保心系员工。

在我看来，正如我们以“要么横刀立马，要么解甲归田”的气概应对公司遇到的危机一样，对那些将要离开的员工，我们也要引导他们劈风斩浪，度过危机。

因此，我们发给每位员工一份电子表格，上面有数百名招聘经理和公司的名字和联系信息。WeWork 在遣散费方面也非常慷慨——

慷慨到不少员工主动要求被列在解雇名单上。我们不希望有些员工离开，但我们也不会强留。这套组合拳迅速起效，也得到员工的理解，公司不再臃肿，人员配置趋于合理。此举使得公司更具吸引力，同时也得到员工的大力支持。我收到了其中一位员工的电子邮件，充分说明了我们这些举措的意义：

日期：美国东部时间 2019 年 11 月 15 日中午 12 点

嗨，戴维，

我想让你知道，我真的很感激你为我的再就业所做的一切。这是我平生第一次可以投入 100% 的时间来寻找另一份工作。我一直在利用这个机会。我已经和十几家公司和招聘人员谈过了，日程表上还有几场第二轮面试。现在我很乐观，我确定能变挑战为机会。

我希望 Meetup 能稍微稳定下来，尽管我知道由于裁员和公司被出售，事情会变得纷繁复杂。我仍然支持你扭转 Meetup 的局面，虽然我不能在那里助你实现目标。期待未来有机会再次与你共事。

最诚挚的问候，

×××

这传递出决策中的一个重要信息：如果你要处理一些棘手的事情，一定要充满人文关怀。我以前说过，现在再强调一遍：永保善良。

7. 更少的员工可以实现更快的迭代。在解雇了 75 名员工（约占我们公司的 30%）后，我最初的想法是：人少了这么多，我们究竟如何才能完成所有该做的工作？令我惊讶的是，我们工作完成得更快了。这可能会令许多人感到震惊，但我们确实在人少了的情况下使工作进展得更快。理解个中原因很重要，因为这有助于任何一个领导者来衡量员工规模是在加速公司发展还是减慢公司发展。

- **“刺头”员工减少：**Meetup 有一些关键员工，他们非常专注于公司的使命，但对收入或商业成功兴趣不大。我们公司还有很多负能量的人，他们会说“三年前我们就试过了，根本没用”，或者“瞧，你的决策带来这么多问题”。我们留下了那些虽然缺乏经验但态度积极的员工，也留下了那些对解决方案有主见的员工，虽然他们倾向的解决方案并不正确。
- **工作更聚焦：**我们淘汰了需要大量进行工作协调的产品团队，这实际上减慢了我们的工作进展。我们关闭了柏林分部，因为事实证明沟通效率低下。我们还取消了一些无足轻重的产品功能。
- **从招聘事务抽身：**如果一家公司要大量招聘工程师，高级工程师大量的时间就会花费在面试和员工入职上，而非用于开发一个伟大的产品。没有了招聘事务，领导者可以专注于工作业绩。
- **消除层级、繁文缛节和仅仅为了促进沟通而存在的岗位：**某些岗位完成工作，而其他岗位拖后工作。我们淘汰的多数是与最小化风险相关的岗位，增长岗淘汰的很少。

领导者总是希望加快团队实现和超越目标的能力。而要实现这些，有时候需要的是少一些员工，而不是更多。

8. **跑步机转得太快时，想办法跳下来。**从我最初得知 Meetup 要被出售以来的几周里，发生了太多的事情，我还没来得及思考或者退后一步，审视一下我在做什么、为什么这样做。作为一个天生好胜的人，我知道我想“胜”，但我甚至不知道我想胜什么、为什么要胜。我这么拼，有多少是为了个人利益，有多少是为了 Meetup 的最大利益？个人利益哪方面更为重要——是金钱还是有机会拥有更大自主权和 / 或影响力？我是否应该采取对我个人极为不利但可能对 Meetup 非常有利的行动？

尽管周围一片混乱，我还是决定花半天时间独处。对那些着眼长远的人来说，即使在繁忙的时期，也应该有短暂的休息时间。在我纽约威斯特彻斯特县的家附近有一个湖，湖边有一条徒步小径。独处自然是我评估首要任务的理想环境。在我散步的时候，我决定我的首要任务是找到一个我信任的投资团体。信任比直接的经济利益更为重要。杰克·韦尔奇，谢谢你的教诲。我决定，即使我不知道结果如何，我都要想办法施加重大影响。我还决定扩展选择，并对我在 Meetup 职权之外的对话持开放态度。我知道，要是我有其他选择可以考虑，要是有另一个感兴趣的机会出现，在心理上我不会继续抱着 Meetup 这一棵大树。我会更加客观，从而做出更好的决策。最后，我决定，如果我来领导 Meetup 不符合公司的最佳利益，我会做做对企业有益的事的事情，为买家寻找一位新的首席执行官，并在一段临时的过渡期内留任。

虽然我甚至找不到一整天的时间来休息（或者很可能我可以找到，只是没有刻意去找而已），花半天时间来拷问我的动机和目标被证明是非常有价值的。

9. **寻求建议是获得会面机会的最好方式。**我与全球顶尖的风险投资伙伴进行了 50 多次面谈，但不是为了推销。发邮件搞推销只会遭到拒绝，所以我转而寻求建议。这也是为什么信息采访对年轻求职者影响很大，可以为他们的未来打开大门。

因为大多数会面都是通过关系介绍的，所以我认为，确保潜在收购者愿意与我会面的最佳方式是迎合他们的自我意识，以及他们对帮助我的真正兴趣。通过听取他们的建议以及他们推荐的会面对象，我与他们建立了更深的关系，并且有了更多的会面对象。我的典型开场白是："几年前，WeWork 以 1.56 亿美元收购了 Meetup。Meetup 现在的收入增加了 15%，我从 WeWork 的董事会得知，他们将批准一项 3 000 万美元的报价，以便尽快完成交易。对于如何尽快找到一个投资集团，您有什么建议？"不可避免，他们会推荐自己。

10. **理解投资者的战略和目标。**和每个人会面确实有一个明显的缺点。我接触过的每家公司对交易都很感兴趣，几次交谈过后这些公司却发现 Meetup 的规模、增长状况或利润不足，不符合他们公司的投资战略。但方法没错，因为他们给我们公司提供了很好的建议，我还与他们建立了可以持续多年的关系。如果我经验更丰富些，我会在谈话中更早地询问这些"金主"的战略，但寻求建议有助于展开会谈。通过寻求建议，你可以建立起关系，而不是仅仅得到一次交谈机会。我学到这些，却以效率为代价。如果我对一家公司的投资目标了解得更多，就能节省很多时间。归根结底：做足功课。

11. **每一次挑战都是一次机会，促使你把工作做得更好。**我虽然被要求参加了 30 多次尽职调查会议，但这也给我带来了巨大的好处，帮助我确定了公司的战略以及如何讲清楚公司的战略——这两项工作对一名首席执行官来说至关重要。我加盟公司时间不长，刚上任时公司非常混乱，因此首先关注的是人力资源和战略相关问题，这占用了我大部分时间，而对推动业务发展的详细指标和关键绩效指标缺乏足够深入的了解。为了卖掉公司，我无奈参加了数百小时的调查式尽职调查会议，也因此对公司的基本面有了更加深入的了解。我们的管理团队参加第 29 次和第 30 次会议时，我们与买家的尽职调查会议变得像一支在巡演的管弦乐队，演艺日臻成熟。能够像我们一样如此深入了解我们的业务驱动因素，这种感觉很棒，并助力我们在此后的几个月里做出了更加明智的决策。我一直是强制机制的拥趸。迫使我更好地了解公司的财务、运营和产品细节的机制就是这些会议。

12. **不管你有多忙，家庭永远摆在首位。**我有开不完的尽职调查会议，事情一片混乱，此间，我面临着一个两难选择。我挤出一个长周末，和 15 岁的儿子计划去看威斯康星州绿湾包装工队[①]的比赛，有一天半无法工作。两周后，我们还计划了一次短暂的家庭旅行，去以色列看望我 18 岁的儿子。大多数人认为我会取消这两次出行，因为此间会谈正酣。然而，我从未有过取消的想法。把公司卖掉可能需要几个月的时间，我绝不能就此打断我和家人的正常生活节奏。利用这段时间休整一下（尽管我仍然被迫在旅行中工作）不仅重要，而且还能给我重新注入能量，使我能够在接下来的几个月里坚持下去。领导者需要给自己留点空余时间。我们的工作压力非常大，留出时间及时休整最终反而节省时间，让每个人都更有效率。

① 绿湾包装工队（Green Bay Packers）是一支位于美国威斯康星州绿湾市的美式橄榄球球队，成立于 1919 年，是（美国）国家橄榄球联盟（NFL）中队史第三长的球队，也是 NFL 唯一一支非营利性质，由公众共同拥有的球队。2002 年 NFL 调整分区后包装工队属于国联北区。——译者注

13. **最重要的问题是："我还能和谁谈谈？"** 我们寻求的帮助不够充分。找新工作时，我们害怕给朋友和以前的同事添麻烦。在寻找新客户或合作伙伴时，我们不愿意请求别人给我们推荐。我的建议是：克服这个毛病，迅速克服它。人们真诚地想助你一臂之力。你请求他人帮助不仅是在帮自己，也是在帮给你帮助的人。寻求帮助的最好方式是在谈话结束时问："我还能和谁谈谈？"每次我与几十个 Meetup 潜在买家谈话结束时，我都会问："我还能和谁谈谈？"每个人都乐于帮忙，我也在与被推荐人选谈完后给推荐人发去感谢信并告知他们谈话的结果。积极去寻求帮助，记住：你能问的最好的问题是"我还能和谁谈谈？"

挑战 32　如何面对谈判失败？

连续 3 周每天工作 16 个小时，与风险投资和私募股权合伙人进行数百个小时的会谈，其结果是……没有结果！我无法说服任何一家公司收购 Meetup。

我再度失败。接下来该怎么办？

决策 32　失败带来宝贵的教训。勇往直前

谁在乎失败？弗吉尼亚参议员马克·沃纳（Mark Warner）关于失败价值的论述一直在激励着我。他是家中第一个上大学的人，从哈佛法学院毕业后，没有得到任何工作机会。他第一次创业 6 个月就失败了，第二次创业仅维系了 6 周。他沦落到在沙发上网上冲浪，住在自己的车里。后来，他看准时机，创办了一家名为 Nextel 的小

公司，最终成为一名白手起家的百万富翁。正如参议员华纳所说："我的成功归因于好运、努力以及朋友和导师的支持和建议。但最重要的是，我在失败后继续尝试。"

开始有 20 家公司对收购 Meetup 感兴趣，之后就变成了 10 家、5 家、3 家、1 家，最后 1 家都没有了。我简直不敢相信。这是我"一生最失败的交易"——售出价只有当初 WeWork 收购 Meetup 时价格的 1/5——我却谈不下一个投资者。被拒绝的最常见原因与我能够控制或施加直接影响的任何事情均无关系。一家又一家公司向我重复着同一信息："我们喜欢你，我们喜欢 Meetup，这笔交易的投资回报率也可能非常可观。但 Meetup 不符合我们基金公司的投资意向。"为了说服风险投资或私募股权基金的投资者，基金的领导者通常会提出非常明确的投资理念，然后严格按此理念行事。一些潜在投资者告诉我，他们不能投资 Meetup，因为 Meetup 太大了，另一些投资者却说 Meetup 太小了；一些投资者告诉我，Meetup 的盈利能力不足，不符合他们基金公司的投资理念，而另一些投资者告诉我，Meetup 也不值得付出那么多资本；一些基金公司只投资于特定的行业，而另一些基金公司只投资于处于早期阶段的公司。我花了无数个小时说服那些对 Meetup 感兴趣的买家与我会面，但最终没能说服他们投资。我垂头丧气。

两天后就要投标了，我不仅没能利用速度优势阻止其他人投标，就连我一个月前报出的 100 万美元也没有投资者愿意接受。我伤心至极。

我开始自我安慰：我已经很努力、很勇敢了；企图在 3 周之内与数百名潜在收购者穿梭会谈以期找到买家，时间太仓促了。其结果是：不管我学到了多少东西，最终还是失败了。

我已经到了任何一个领导者都不想涉足的境地。他们面对这个问题时，会怎么办呢？

你不能绝望，不能因以前的失败分心，必须继续努力。夏洛克·福尔摩斯（Sherlock Holmes）的指导思想是，一旦你排除了不可能，无论剩下的是什么，无论多么不可能，都一定隐藏着解决方案。因此，如果你相信一定能找到解决方法，而且也必须找到解决方法，那就重新审视一下那些你以前认为的“不可能”吧。

有例为证：以前有几家公司联系过 WeWork，但 WeWork 认为他们缺乏诚意。我问 WeWork 并购团队的负责人，我是否可以“炒炒剩饭”，与他们拒绝的随便哪个人谈谈。他们提供给我两个名字。我和他们两个都谈了。其中一个人叫查德（Chad，化名），想和我合伙投标。我不认识他。他领英上没有个人资料——这是一个主要的预警信号——我没有时间查他的底细。什么样的商业领袖在领英上没有个人资料？我按理说应该就此结束会谈，但我必须力求务实。我极力“留在牌桌上”。我让他给我三个推荐人的名字，这直接违反了我的秘密渠道规则，但我自己无从了解他，因为他在所有社交媒体上从不露面，几乎是隐形的。我和他给出的三个人都谈过了。一个是他的私人朋友，另一个是商业伙伴，第三个是过去为他工作的人。他们对他的评价基本还是正面的，但还没到极好的程度。如果有人可以选择任何三个推荐人，我希望这些推荐人给出的评价是“极好”。对他的评价不是这样。又多出一些预警信号。

我告诉他，我们先见个面，再谈合作的事情。令我惊讶的是，他说他第二天就乘飞机去纽约，在提交投标之前，我们可以有机会面对面谈一谈。他的坚韧给我留下了深刻的印象。在我们一对一的会面中，我决定采取一种非常具体的方式来观察他的反应。我不想通过谈论共同感兴趣的话题来建立融洽的关系，而是想看看他是属于特别自我，还是一个富有成效的合作伙伴和倾听者。从我与他的3个推荐人的谈话中，我收集了一份清单，上面列有5个方面的正面评价和20个有待改进的方面。我毫无保留，逐项询问了20个有待改进的方面。他再度让我大为惊讶，他一点都没反驳，而是十分谦逊地承认了过去的错误。他说他会更多地向我学习，全力支持我在决策中挑大梁。他很真诚。显然，他原先不是这样，但经历了N次失败之后，他已经真正了解自己的优势和发展需求。

我记得起初我确定的首要任务是找一个志同道合的买家，向其学习，但为了“留在牌桌上”，我决定投标更为重要，虽然要合作的人我并不熟识。但现在不是谈理想的时候，可行的投标才能确保Meetup活下去。不去投标，我就出局了。只要我能提交一份合理的标书，WeWork就没有理由不让我成为买家。面谈过后，我让查德提交了一份3 000万美元的标书。我完全不知道他是否有3 000万美元，或者他是否能够筹到3 000万美元，但这是万福玛利亚（Hail Mary）[①]，我只能孤注一掷，放手一搏。不管发生了什么，我都不大惊小怪。

时值2019年12月初。WeWork陷入一片混乱。亚当·纽曼出局了，新的联席首席执行官清除了公司中所有与亚当关系密切的高管。我手下的经理丹·特兰和亚当走得很近，也遭到清洗。WeWork宣布了大规模的裁员计划，没人知道工作中有问题该去找谁。我现在

① Hail Mary 实际上是美式足球（橄榄球）中的术语，指比赛到了最后几秒钟，一队落后而得球反攻，离对方球门禁区尚有几乎整个球场的距离，不得已背城借一，唯一的希望就是来一记远投，孤注一掷，祈祷上帝让一名队友在敌军中跃起把球接住，落地得分，反败为胜。——译者注

没了经理，刚刚物色到一个并不熟识的合作伙伴来投标，而 Meetup 每天仍有大量现金亏损。我甚至开始听到传言，说 WeWork 正在考虑让 Meetup 关门大吉，就像他们收购的另一家公司一样。不过，乐观一点来看，我能抓住的最后一根稻草是，如果我可以在最后时刻提交一份标书，金额正好是 WeWork 划定的 3 000 万美元，我就不会出局。

WeWork 拉我参加了几十次与潜在买家的会谈，我非常清楚，其中的绝大多数买家要么对收购 Meetup 没有真正兴趣，要么根本没有收购能力。举个这方面的例子：我被要求与 BuzzFeed 的创始人兼首席执行官乔纳·佩雷蒂（Jonah Peretti）一起共进早餐。众所周知，由于他们公司进行了一轮又一轮的裁员，几乎没有收购 Meetup 的财务灵活性。然而，WeWork 坚持要我和他们的首席执行官一起共进早餐。我们早餐吃得非常愉快，但没对任何收购事宜进行有意义的交谈。第二天，一篇文章刊出，说 BuzzFeed 正在寻求收购 Meetup。每家公司与我们交谈的动机不一样，显然 BuzzFeed 的动机是为了上新闻，蹭热度。在员工压力很大的时候，这是许多无益的干扰之一。

幸运的是，WeWork 告诉我，我们只需要提交一份 3 000 万美元的标书，就可以获得排他权。我们提交了标书，渴望万事大吉。

然而，震惊再度袭来。

我们的“情报”有误，有误得离谱。我们的出价差得很远。也许我和管理团队在与许多 WeWork 安排的买家进行尽职调查时做得太好了，让我和 WeWork 完全震惊和惊讶的是，有 7 个买家出价超过了 3 000 万美元，其中 5 个出价超过了我出价的两倍，还有一个接近 3 倍。

唉，甭管怎样，至少我尝试了，而且在某些方面也算成功了。我完成了 3 000 万美元的投标。我也意识到，现在我继续担任 Meetup 首席执行官的可能性已经微乎其微。任何收购者都会带来自己的员工，组建新的管理团队。这方面我经验足够丰富，知道事态将如何发展。

在过去 20 多年的运营工作中，我编织了一个很大的人脉关系网，包括 100 名风险投资伙伴和私募股权伙伴，我可以联络一下他们，看看他们是否在为自己的公司寻找风险投资伙伴。我很快改了主意，认为没有见证最终的结果就跳槽到另一家公司没有意义。关系摆在那里，一个月还是六个月去联系无关紧要，我想看看事态如何发展，看看我在 Meetup 这段短暂但不平静的时期如何结束。

冲动是魔鬼。我收到领英发来的一封邮件，问我如果其他公司有意招聘首席执行官，我是否愿意接受。邮件称这是保密的，只有招聘人员才会知道。我没仔细想就随意在方框中画了对钩，以示同意。不到 24 小时，我就了解到，以前在我们公司工作过的一个员工如今在某公司负责招聘，她认为我在“迎接新机遇”，还把截图转发给她之前在 Meetup 工作时的所有同事。我信任的一名员工告诉我，几乎 Meetup 的每个员工都看到了我“迎接新机遇”的截图，他们普遍的感觉是，瞧，如果他都对 Meetup 失去信心，不打算留下来，我为什么还要留下来？他们没有意识到现在最有可能被解雇的员工是我——几乎每个 Meetup 员工都比我更有工作保障。我很快修改了我的领英状态，这进一步强调了一个重要的教训：首席执行官总是被置于显微镜下，你的一言一行或者不说不做的事情都会被拿来解读，甚至故意误读。要知道你时时刻刻受到监视。如果你对此感到不自在，就不要做首席执行官。

另一方面，对潜在的买家来说也是如此，虽然我认为我的任期没有多长时间了，但我仍然努力确保 Meetup 落到最好的买家手里。这将引导我思考势将面临的下一个重大挑战：审核潜在买家。

挑战 33　如果你将失去一切，能否迅速调整目标？

WeWork 的首选买家，即出价最高的买家，给我们的管理团队和 Meetup 的未来蒙上阴影。

决策 33　耐心胜于速度

在这个时间节点耐心胜过速度。真相几乎总会浮出水面。随着时间的推移，一个根基不稳的个人或奸诈刁滑的公司将会自行崩溃。

WeWork 开始与出价最高的买家进行排他性谈判。这是一家总部位于东海岸的私募股权公司，其领导者是十多年来一直组织 Meetup 活动的投资人。这位潜在买家背后有一位银行家，可以提供强大的资金支持，并且有着迅速达成交易的记录。各方都相信交易在圣诞节前即可完成，我已经做好准备，盘算下一份工作何时可以找到，以及作为一名失业高管，我在假期做些什么。

签署独家协议后，WeWork 与买家召开了一整天的尽职调查会议。这既是一场灾难，也是一份难以置信的福分。

灾难：买家团队的交易负责人叫勒尼（Leni，化名），是一家中型私人股本公司支持的小额金融投资人。在长达六个小时的会议中，不知何故，几乎每一位与他互动的 Meetup 高管竟然都被他激怒。他可不是永保善良。相反，整个谈判期间他的傲慢彰显无遗。通常情况下，买家在尽职调查会议上都是呈现出最好的自己。他们意在与高管团队建立关系，以便在交易发生前就能获得他们的支持。买家知道，尽管最终决策者是 WeWork，但让首席执行官和高管团队感到兴奋并与新东家勠力同心更符合买家的利益。

在会议的后半部分，我告诉 WeWork 的高级并购代表，如果勒尼继续侮辱和斥责我们的团队，我们就会中止尽职调查，退出会议。从那一刻起，勒尼静静地坐着，一言不发，很可能开始盘算如何把我们每个人都撤换掉。

会议之初，我再次感到无助。哪家公司出价最高，WeWork 就打算把 Meetup 卖给谁，这样的决定也完全合乎情理。如果接手的公司是一个声名狼藉的公司，虽然对 Meetup 及我们的管理团队不利，但 WeWork 会钱收囊中，甩手不再管我们的事。

但是我真的无能为力吗？我应该为了 WeWork 继续这笔交易，还是为了 Meetup 另寻出路？如果选择后者，该怎么做？

我决定不能坐视这一切在我眼前发生。我要大胆而为，迫使买主自己打退堂鼓。

几天后，我给私人股本公司的合伙人（勒尼的财务合伙人）打去电话，告诉他如果勒尼插手，我就离开；如果我离开，整个管理团队都会离开；如果整个管理团队离开，公司势必出现混乱，他整个 2020 年的时间都得耗费在收拾烂摊了上。我再次框定了对 Meetup 有利的全部理据。我知道他们公司不在乎我或者 Meetup。在试图说服高层领导时，除非你和他们关系深厚，诉诸他们的感召力，否则就别费心。力求务实。永远回到领导者如何做出决策的核心依据：他们的个人利益。

我还打电话给 WeWork 的新任联席首席执行官阿蒂·明森（Artie Minson），我和他确实有着密切的私人关系，彼此相互尊重。

我告诉他勒尼的所作所为。我解释说，如果这个买家得手了，混乱就会接踵而至，一家公司开始分崩离析时，诉讼官司就可能随之而来。我从各方的最大利益出发设计了每一次对话——既照顾卖方 WeWork 的利益，又照顾买方私募股权公司的利益。没有理由按照我自己或 Meetup 的利益进行设计。我知道，对以高价快速达成交易而言，我自己或 Meetup 的利益是次要的，甚至连次要的程度都谈不上。

这家私人股本公司的合伙人明白，我已经做出了一个二元决策——要么继续与勒尼合作，要么继续与我们的管理团队合作，没有其他选择。合伙人两个选择都没选，而是决定退出交易。太棒了！灾难又一次避免了——现在高出我们 3 000 万美元报价的公司还有 6 个。实际上，我并不认为我们的报价有成功的机会，但我要努力把 Meetup 交到合适的东家手中，我知道勒尼并不合适。

福分与教训：虽然回击勒尼的所言所行令人极度紧张，但在许多方面这也给我们的团队带来了巨大的福分，使我们得以了解他的真实意图和行为。如果在此过程中他表现得像个正人君子，交易结束后却迅速变脸，暴露出其狂热自大的真容，那就糟糕透顶了。教训极其深刻：目睹候选人、合作伙伴和潜在经理人选的不良行为，观察其在压力下的表现，对决定是否加入一家公司、是否建立商业伙伴关系至关重要。犹太法典《塔木德》(*Talmud*) 中有这样一句话：一个女人要先看一个男人的金钱观，看他生气时以及喝醉酒时的表现，再决定是否嫁给他。只有见证了一个人面对最大挑战的时候如何反应，方可做出重大的商业决策。我们创造了一个紧张的环境，要求必须迅速做出决定。勒尼很快露馅了，这让我们避免了一场可怕的"公司联姻"。

令人惊讶的是，几天后我发现勒尼并没有就此罢休，他仍然拥有排他权，并在一家总部位于纽约的私人股本公司找到了新的金融合作伙伴。WeWork 告诉我，虽然勒尼的第一个金融合作伙伴离他而去，但他的竞标权还有一周的排他期。我简直不敢相信这是真的。WeWork 仍然热衷与勒尼合作，因为可以获得最高报价。我告诉 WeWork，如果勒尼想要与我或我们管理团队中的任何人进行任何直接对话，我们将拒绝参与尽职调查。WeWork 对此表示理解，总部位于纽约市的私人股本合伙人也表示理解。然而，我也知道，尽管勒尼不会直接参与任何对话，但他会潜伏在幕后，准备在交易签署后担任董事长或者取代我担任首席执行官。现在我必须设法让这一位合伙人买家也出局，可以称其为“勒尼 2.0 版”合伙人。

WeWork 为我组织了一次早餐会，让我结识新合伙人。初次会面很棒。会谈期间，我坦诚相见，把勒尼的事都告诉了他。他回应说，因为是勒尼给他介绍的这笔交易，所以没有勒尼他无法继续进行交易，但如果 WeWork 告诉他，只要勒尼参与其中，WeWork 就不想继续深谈，那么他可以处置有关勒尼的事情，将其排除在外。WeWork 照做了，效果立竿见影：勒尼正式出局了——他再也没有机会插手。然后，WeWork 给了这家新的私募股权公司排他权，我们与管理团队组织了另一次全天尽职调查会议。

不幸的是，我现在发现，我把 Meetup 从煎锅里拉了出来，结果却掉进了火坑里。灾难再度临头。私募股权看起来更像是一场私人梦魇。

挑战 34　如何比那些有实际决策权的人更有权力？

我既不是买方也不是卖方，我没有权力。然而，我比任何人都更具影响力。

决策 34　扭转局面

求职面试时，扭转局面，转而问面试经理问题。推销你的公司时，向买家发问。我需要找到一种方法来颠倒尽职调查流程，使自己从影响者变成决策者。

在与 WeWork 的新首选买家开展的全天尽职调查会议中，我们了解到买家的策略。简单来说就是：榨干公司、裁员最大化、利润最大化，之后快速卖出。我们也知道他们最忧虑的是我们的技术债。正如我之前提到的，技术债是一个用来解释公司多年来短期技术决策的术语，这些决策助推了诸多技术复杂性，使得对网站或应用程序进行简单的更改可能需要几周甚至几个月，而非几天。由于我们的产品团队在 18 年的发展进程中走了成千上万条捷径，导致 Meetup 产生了巨大的技术债。我们的技术包含数十种编程语言和数百万代码行，就像瑞士奶酪一样，漏洞百出，难以使用。这成为我们成功路上的一大障碍。

尽职调查会议过后，我认为这家私募股权公司也不是 Meetup 的合适东家，因为他们只专注于降低成本以及短期利润最大化。我觉得我不能再次使用“老子不干了”这个招数了，因为我已经用过一次，WeWork 不会容忍我再用一次。我需要理解他们最为关心的事情的源头，并且非常坦诚。我相信，只要我完全坦诚、透明，那么强调潜在买家的担忧并不违反道德。这引出了一个有趣的伦理问题。

通常，当试图出售一家公司时，你会着重强调卖方可以将挑战转化为机遇的每一种可能方式。“可以预见，一旦我们改进了技术，增长速度会要多快有多快”，或者“一旦我们专注于改善技术基础设施，我们的用户将有大幅增长”。

然而，揭短式的诚实有违道德吗？我们确实存在严重的技术债问题，如此透明是不是不太合适？或者这只是使我们的销售不那么顺畅，但是只要分享的所有内容 100% 真实，就能通过诚信“标题”测试？这让我想起了戴阿姨（Cuisine AuntDai），这是一家蒙特利尔餐馆，因其自我揭短式的诚实而名声大噪。“我们对现在的味道不是 100% 满意，但很快就会变得更好。”这是菜单上对他们令人垂涎的鸡肉菜肴的描述。然后补充道：“还有：我很惊讶，一些顾客仍然在点这道菜。”正是这种诚实推动了餐馆的成功。我认为揭短式的诚实没有错，但可能会产生短期的负面影响。

我建议我们的工程副总裁尽可能透明地讲清我们极其棘手的技术债中所蕴含的机遇和挑战。如果新买家仍然想收购公司，至少他们知道他们会得到什么。我们进行了技术尽职调查，工程副总裁非常坦诚地谈了公司面临的诸多挑战、机遇，以及应对技术债挑战所需的时间和成本。

不到 24 小时，新买家就退出了。

WeWork 对这种结局很不满意。时过 6 周，两个买家已经退出了排他收购。现在不得不再度转向其他竞标者，WeWork 知道这次失败会让那些竞标者嗅到 WeWork 的弱点，降低竞标价格。他们猜对了。

走到这一步我很激动，我们甩掉了勒尼，避开了下一个想终结 Meetup 的买家。排在我们之前的还有另外 4 个出价比我们高的买家，他们退出的可能性微乎其微，我们必须找到一个出类拔萃的合作伙伴，真正投资于 Meetup 的未来发展和成功崛起。

一个没有直接权力的人可以产生多大的影响力，这个教训一直让我慨叹。我既不是买方也不是卖方；既不是创始人，也不是投资者。但不知何故，作为公司的领导者，笃信我能对结果产生重大影响赋予了我无穷的力量。我真的感觉 Meetup 能找到它的完美东家。我又错了。但是，和以往一样，我并不感到惊讶。

挑战 35　当你的目标与公司的目标产生分歧时，你该怎么做？

如何调和这两者？

决策 35　统一目标后再行动

目标不同的原因有无数个，需要具体原因具体分析。但是一旦你和董事会的目标发生偏移，你们其中一个就该离开了。卷铺盖卷的通常是首席执行官。

另外两家出价最高的公司中一家是中国私人股本公司，想在中国复制 Meetup 的商业模式；另一家是得克萨斯州的私人股本公司，在尽职调查期间这家公司问我，我们本应解雇 175 人，为什么只解雇了 75 人。

另外两家公司关注的不是增长，而是如何降低成本，这种令人生畏的论调听起来似曾相识。有时我甚至认为，既然每家公司都认为我们应该把 Meetup 缩减到只剩下纯业务团队，是不是他们是对的，我错了。仔细想来，就实现他们的目标而言，显然，他们的做法是对的，他们无非想最小化风险、最大化短期投资回报的可能性。用“降低成本之于投资”来评估“对与错”是不正确的方式，关键要看目标是什么。按照私募股权公司的目标，他们是对的，需要降低成本；基于最大化 Meetup 对世界影响的目标，我是对的，需要加大投资。因为我们目标不同，所以分歧很大，并不是说我们谁对谁错的问题。

我想把我的职业生涯致力于推动 Meetup 来改变人们的生活，让世界变得更加美好。Meetup 使用技术旨在让人们远离技术，并在从未谋面的人之间建立起真实的人与人之间的联系。让世界如此痛苦不堪的原因是人们缺乏互学互鉴的机会，而 Meetup 旨在将这种机会大众化，这样任何人（通常是免费的）都可以学到几乎任何想学的东西。世界上出现如此之多的深层次制度性问题，都是因为无知，人们与和他们差异很大的人几乎没有接触，进而导致了种族主义、仇外心理和仇恨情绪泛滥，而且愈演愈烈。Meetup 促进的深层关系打破了那些不了解彼此的人中普遍存在的无知。

很多困扰社会的问题都与孤独有关。自新冠疫情暴发以来，肆虐全球的孤独感愈发严重，但实际上在疫情之前，孤独感就是一个巨大的社会问题。在疫情之前的民意调查中，36% 的美国人经常感到孤独，在当前和最近的大学毕业生（Z 世代[①]）中，全球孤独率高达 62%。Meetup 是治疗孤独流行病以及世界科技、社交媒体和游戏痴迷的良药。戴维·布鲁克斯（David Brooks）在布兰迪斯大学[②]2011 年毕业典礼上的主题演讲中直接谈到了 Meetup 的影响："在

① Z 世代是一个网络流行语，也指新时代人群。新的"Z 世代"是指 1995 ～ 2009 年出生的一代人，他们一出生就与网络信息时代无缝对接，受数字信息技术、即时通信设备、智能手机产品等影响比较大，所以又被称为"网生代""互联网世代""二次元世代""数媒土著"等。——译者注

② 布兰迪斯大学（Brandeis University），成立于 1948 年，是一所位于美国马萨诸塞州波士顿的私立研究型大学，虽然建校至今仅有短短的 70 余年的历史，却已享有较高声誉，被誉为"全美最年轻的主要研究院大学"，素有"犹太哈佛"（Jewish Harvard）之美誉。——译者注

过去的几年里，我们了解了很多关于什么是幸福。我们已经知道金钱和幸福两者之间属于弱关联关系。一旦你成为中产阶级，变得更加富有并不会让你更加快乐。而友谊和幸福之间的关系属于强关联关系。加入一个每月只聚会一次的俱乐部，产生的幸福感等同于收入翻倍。”Meetup 是数百万人的俱乐部，让更多的人受到 Meetup 的影响是我的目标。我和这些私募股权公司的目标大不相同。我想成为改变世界的一员，乐意承担更大的风险，不在乎高额回报，如果这样更有可能投资和发展 Meetup，使其全球影响力达到今天的十倍，我无怨无悔。

我发现，每当战术上出现严重分歧时，几乎总是因为目标上存在分歧。我不赞同这些公司的策略，因为我们目标不同。作为管理者和领导者，我们需要团队在我们试图实现的确定的短期和长期目标上保持一致，以此来化解围绕不同策略产生的紧张关系。通常情况下，此举可使紧张感逐渐消失，团队得以轻装前行。

挑战 36　如果没有好的选择，你该怎么做？

我应该顺从新买家的目标，坚守自己的目标，还是找到妥协的中间目标？我是否应该在这两个方案之外找到一个替代方案，完全避开他们的目标？

决策 36　做出新选择

我不能拒绝与下两个出价最高的人会面——尽管我考虑过这么做。现在是 12 月下旬，我们进行了两次 90 分钟的电话会谈，每次都向他们提供最新的业务进展情况。和以往一样，我坚持做到非常诚实、透明，以便 WeWork 和潜在买家都能了解我们当下的情况。当 WeWork 这个卖家需要回头去找那些潜在买家时，这是在发出一个信号：卖家现在处于弱势，买家通常会抓住这个机会砍价。不出所料，两个买家都将出价从约 7 500 万美元降至 6 000 万美元。但无论怎样，6 000 万美元依然是我和查德出价（3 000 万美元）的两倍。如果两个投标人都决定退出竞标，也许我们还有机会。

我认为我没有足够的力量或心理准备去经受另外两个排他期和详细的尽职调查会议。除了这两位买家，还有另外两位买家出价高于我和查德的 3 000 万美元。我和查德已经两个月没有联系了，我决定联系他。（由于排他性协议中的保密条款，我们被禁止在此之前与彼此联系。）

查德很诧异我会给他打电话，因为他以为一切都结束了。我告诉他我们还有最后一次机会。如果他能说服他的投资者出资 6 000 万美元，我有信心 WeWork 会给我们排他权，抢在领先于我们的 4 家公司之前。此时，WeWork 真心希望将 Meetup 卖给管理团队中意的买家。他们知道，如果我们在最终买家的选择上保持一致，我们会更加努力地去完成交易，最大限度地提高成交的确定性。再次强调，关键是 Meetup 的最佳利益要与 WeWork 的最佳利益完全一致。

我需要设法说服查德将他的报价从最初的 3 000 万美元提高到 6 000 万美元。查德打电话给他的投资者。出价提高意味着预付款翻倍，投资者预期的潜在回报却减半。我知道成功的希望渺茫，但就像以往一样，不去尝试，你怎么知道能否成功呢？

查德给我回电话，说他不可能在几天内说服他的投资者从 3 000 万美元提高到 6 000 万美元。但我们都不想失去这个机会，他说他会在给 WeWork 的承诺书中向 WeWork 承诺我们支付 6 000 万美元，尽管他还没有筹集到这么多资金。事实上，他甚至连 3 000 万美元也没筹集到，所以承诺支付 6 000 万美元不是什么大问题，因为实际上他还没有筹集到资金！幸运的是，虽然 WeWork 知道查德可能没有筹到全部资金，但他们愿意相信他能筹齐，我也相信他。WeWork 是出了名的乐观派，他们的单纯堪称乐观之花结出的喜果。查德和我相信，如果我们获得排他权，通过努力，我们肯定能找到其他投资者参与到这笔交易中来，最终筹得 6 000 万美元。做到这些需要时间，而有了排他权，我们就赢得了时间。这也是我们唯一的机会。虽然排他权我们已经两进两出，但我们似乎不太可能很快将另两个买家从竞争名单中移除。查德同意我的判断，尽管资金尚未到位，他还是给 WeWork 发了一份改好的承诺书，承诺支付 6 000 万美元。

12 月下旬一个周日的晚上，我接到了 WeWork 联席首席执行官阿蒂·明森的电话。他说："戴维，如果查德能把报价提到 7 000 万美元，公司就是他的了。你和你的团队受了不少苦，我们希望你能如愿以偿。"我知道 WeWork 对其他两个买家都不感兴趣。一家是中国公司，由于重大监管要求，他们担心需要很长时间才能完成交易。另一家公司因获得排他权后压低价格而臭名远扬。尽管我们的目标是赢得竞标，但重要的是现在不要因为 WeWork 提高了报价还疯狂跟进。我打电话给查德说："不要屈服。6 000 万美元我们就可以赢得竞标，无须跟进到 7 000 万美元。"查德同意了。我们寸步不让。正如我们所料，WeWork 妥协了，接受了我们的报价，现在我们有了一个 20 天的收购排他期，不然，吃亏的是我们。从中可以学到一个重要教训。要明白：在谈判中对方提高要价只是因为这样做无伤大雅，而不是因为真正存在竞争威胁。正因为查德和我明白并不存在真正的威胁，进而坚守阵地，才最终赢得了排他权。

时值 2020 年 1 月，事情终于有了转机。然而，光芒很快就会变暗，因为当时我们谁都不知道，疫情已经开始蔓延全球。

我们先回顾一下再继续我们的“挑战与决策”。在你领导之旅的第一年过后，不可避免会遇到很多无法预料的问题。以下几点可以助你蹚过一片片未知的水域：

- 依靠你的人脉网络。你可能不知道该做什么，但你人脉网络中的熟人知道。
- 失败后抖擞精神，继续前进。从中吸取教训。再度尝试。
- 对那些给你带来麻烦的人不用急于清算，这些麻烦制造者通常会自己内爆。
- 扭转局面。即使你没有决定权，你仍然可以影响一个决定的最终结果。
- 与领导者的目标保持一致。否则，不是你离开就是领导者离开。
- 如果你没有好的选择，就主动作为，不必被动听命。

第八章

直面未知的挑战

08

任何一个领导者都是根据形势制定计划。所有的领导者都会设想可能发生的情况，并根据以往类似情况下的经验准备应对措施。然而，当无法预见的事情、未知的未知突然发生，导致你所有的计划泡汤，而你全然不知未来会发生什么，这个时候你该怎么办？引领你的公司走出突发的困境对领导者来说是一个真正考验。我在说的不是处理 Meetup 的售卖事宜，而是应对席卷全球的新冠疫情。

起初我们认为，冠状病毒肯定不会传到美国，即使传到美国了，也不太可能对我们的业务产生多少实质影响。非典对我们的业务没有影响，西尼罗河病毒没有影响，就连埃博拉病毒也没有影响，这些之前的“大流行”病毒对 Meetup 都没有任何影响。天呀，我们太天真了。

我们注意到，在受新冠疫情影响的国家，Meetup 活动（所有 Meetup 活动都是线下活动）减少了 20%，接着是 30%、50%，甚至减少了 90%，而所有这些就发生在一周之内。Meetup 的买售谈判也迅速发生了变化。一夜之间，我们失去了几乎所有意向的投资者。

让 WeWork 更为恐惧的是新冠疫情对公司现金流的影响，因而愈发迫切地想把 Meetup 出手。此时，WeWork 乱了阵脚，担心新冠疫情会直接影响到他们的核心业务。他们最不想顾及的就是 Meetup。WeWork 告诉查德，他们现在愿意接受 2 500 万美元的报价，不到他们要求的一半。他们跟查德讲，如果他不答应，其他四五个投标人还等着呢。短短几周内，随着一月结束二月到来，Meetup 的感知价值①下降了一半以上。

查德现在只有两个投资者没被新冠疫情吓倒，可以提供收购 Meetup 的资金——其中一个是比尔·阿克曼（Bill Ackman）。阿克曼是世界上最富恶名的激进投资人之一，有数千篇文章将他描绘成吃其他鲨鱼的鲨鱼。我得知，阿克曼乐于及时出手帮助 Meetup 是为了行善，但他也觉得 Meetup 没有直接竞争对手，如果运营良好，有一天可能会成为独角兽——估值超过 10 亿美元。尽管如此，我还是惴惴不安。我告诉查德，我似乎已经看到了标题：Meetup：从亚当·纽曼之手落入比尔·阿克曼之魔爪。我告诉查德，和比尔合作不是个好主意，他可是名声在外。查德要我保持开放心态，与比尔见面。

我和查德与比尔见了面。我发现我有些先入为主了，比尔实际上诚实、友善、善于倾听，这让我万万没想到。我决定给几个领导者打电话，我觉得他们可能比我更了解比尔。我再次打给我的导师凯文·瑞安。凯文是 Business Insider、Gilt、MongoDB、Zola 和其他十几家公司的创始人。他当然会知道比尔·阿克曼是个怎样的人。凯文确实认识他，虽不是很熟，但还是有所了解。凯文说："实际上，这家伙不错，是个体面人。"

这让我学到宝贵的一课。媒体喜欢创造英雄和恶棍，就像报道

---

① 感知价值，即顾客感知价值（Customer Perceived Value），是顾客所能感知到的利益与其在获取产品或服务时所付出的成本进行权衡后对产品或服务效用的总体评价。顾客感知价值体现的是顾客对企业提供的产品或服务所具有价值的主观认知，而区别于产品和服务的客观价值。——译者注

职业摔跤一样，如果有利于叙事，今日的英雄明天可能就成了恶棍，反之亦然。亚当·纽曼曾是 WeWork 的英雄，但后来不是了，虽然他并没做任何改旗易帜之事。比尔·盖茨以前被视为坏人，但后来成了好人，现在又变成坏人了［尤其是如果你是匿名者 Q(QAnon)①的拥趸或者认为 XP 已经足够好了］。埃隆·马斯克，坏蛋一枚；史蒂夫·乔布斯，好人一个。明白了吧。不要道听途说，还是见见面，聊一聊，自己来判断好坏吧。

挑战 37　如果所有选项都很糟糕，你该怎么做？

接续：把公司卖给比尔·阿克曼虽可保全自己，但会危及 Meetup，我如此选择还是另寻一位投资者呢？当你走投无路时，你应该坏中选优吗？

决策 37　耐住性子，期望更好的选择出现

我开始意识到我的命运和 Meetup 的命运息息相关，紧密相连：对 Meetup 有利的事情对我也有利，对 Meetup 不利的事情对我也不利。如果你不相信某人会投资你的公司，就别再对他进入你的董事会抱有幻想。

我现在听到的关于比尔的反馈都还不错，因而乐意和他相处，和他一起合作。心中唯一的疑问是能否确保比尔同意我和查德商定好的薪酬方案。我相信，和我一样，比尔也同样着眼长远。我还相

① “匿名者 Q”是各种阴谋论的集合，其核心阴谋论是美国表面的政府内部存在一个“深层政府”，由犹太金融家、资本巨鳄、好莱坞精英等构成的集团把持。——译者注

信，比尔非常善于获得资本，而对领导一家科技公司而言，他会指望我，因为与许多投资者不同，比尔非常清楚技术不是他的强项。然而，之后，事情好像走了样。

因此，我面临前一个挑战的后续问题：在想出如何让我和我的员工从中获得最大收益后，我是否应该牺牲 Meetup 的利益，将其出售给阿克曼，以保住自己的薪酬？

那个周六晚上，比尔发短信告诉我，交易就这么定了，他已经直接与桑德普·马特拉尼（Sandeep Mathrani）进行了商议。亚当被炒之后，WeWork 实施了联席首席执行官制度，结果并不成功，之后软银任命桑德普为 WeWork 的新任首席执行官。我甚至不知道比尔找桑德普谈过——我从来没和桑德普说过话，公司里没人认识他。WeWork 的事情就够桑德普忙的了，根本无暇顾及 Meetup，我甚至不确定桑德普是否知道 Meetup 仍在 WeWork 旗下。在整个过程中，我的人脉网络对我帮助很大，但我不知道该如何与桑德普议谈，他现在完全控制了我和 Meetup 的命运。

然而，比尔·阿克曼想出了办法。桑德普同意通过简单易行的“数字握手”（digital handshake）短信交流的方式来出售 Meetup。显然，虽然我不能确定他说的话是否属实，但比尔确实帮助桑德普获得了 Sprint 首席执行官的职位。6 个月后，Meetup 的命运会否归结到桑德普与比尔之前的关系上？我打电话给查德，得知曾经的谈判代表比尔认为 2 500 万美元价格过高了，他肯出的价格不超过 2 000 万美元。他告诉查德，如果坚持 2 500 万美元，他就不做领投者。如果比尔退出，查德就没有了资金来源。比尔知道这一点，他告诉查德，只有与 WeWork 的新首席执行官直接谈判，他才会投资。谈判的结果是桑德普和比尔之间达成了出售 Meetup 的口头协议，查德不再是 WeWork 的主要中间人。混乱随之而来。WeWork 的并购团队已经为出售 Meetup 忙了 6 个月，现在却被完全排除在对话之外。WeWork 的并购团队仍在与查德进行沟通，而桑德普却在和比尔直接议谈。谁该和谁谈没人知晓，我当然也很茫然，只知道查德现在已经不再是中间人，而比尔却发短信告诉我交易已经谈拢。

如果查德当不成中间人，相当肯定的是我也会被免去首席执行官的职务，或者至少我与查德协商好的雇佣协议就会失效。试图说服比尔放弃收购 Meetup 似乎为时已晚，所以我唯一的选择是接受命运，确认我与比尔的新雇佣协议，以完成交易。新雇佣协议应与我和查德的协议保持一致，否则，我不接受。比尔在这笔交易中得到不少实惠，相对于他将来到手的巨大回报，我这点微薄的薪水对他不算什么。第二天，我和比尔通过 Zoom Chat[①] 谈了一会儿。那是 2 月的最后一周，市场已经连续四天亏损，由于对新冠疫情的担忧，道琼斯指数已经下跌了 1000 多点，比尔已经逃离了这座城市，像他的数千名金融同行一样，窝在他位于汉普顿的家中。

我们谈话时，我看到他的头每 30 秒～ 60 秒向右转一次。他转了十几次后，我问道："你一直在看什么？这有点让人分心。"他说："1.5，1.6，1.7。"我不知道他在说什么。显然，就在我们谈话之前，他进行了市场百年历史中最大的对冲[②]，他的对冲值从 15 亿美元增加到 16 亿美元，再到 17 亿美元。要在往常，我会觉得这很有趣，但因为我们在讨论我的薪酬方案，我发现他摆头的同时对我薪酬方案

---

① Zoom Chat 是"通过集成到 Zoom 平台中的即时消息联系您的团队并简化通信"。——译者注

② 对冲是一个金融学术语，指特意减低另一项投资风险的投资。它是一种在减低商业风险的同时仍然能在投资中获利的手法。一般对冲是同时进行两笔行情相关、方向相反、数量相当、盈亏相抵的交易。——译者注

上的几乎每个项目上都予以反驳，这让我深感不安。在我看来，他是为了反驳而反驳，把谈判作为一种策略，而非为了达成一个特定的目标。这令我非常不爽。我一直信奉“约会是婚姻的重要前提”，一个人在交易之前的举止言行只会在交易之后变本加厉。公司卖给他后，他会审查我做的每一项决策吗？我告诉他，我和查德已经就我的薪酬方案达成一致，我无意做出改变。然后他让我给他发电子邮件，告诉他我愿意接受的最低薪酬方案。

3 月 7 日，我把我和查德达成的雇佣合同作为我愿意接受的最低薪酬方案原封不动地发给了他。如果我要被鲨鱼吃掉，也是作为一条鲨鱼被吃掉，而不是作为一条小鱼。显然，比尔对此大为不悦，告诉他的共同投资者，他要另寻首席执行官。我知道他们不可能在接下来的几周内找到更佳人选，所以不反对他们另觅他人，同时说，如果他们想让我领导公司，那么出于诚信考虑，我最初同意的交易条件就不要做任何改动。作为一名领导者，你需要知道在人生的扑克游戏中，你是否握有一手好牌。如果有一手好牌，就一定全力以赴把牌打好。所以，我拼了。愿意全力以赴的关键是对结果完全满意。比尔要求对我同意的报价进行实质性修改，也要求查德对他的交易条款进行实质性修改。我不再喜欢与比尔合作，这段时间已经发现了他的一些端倪，而且还有他过去名声不佳的证明。如果需要，我完全可以甩手而去。正是出于这个原因，我觉得不妨强硬回应比尔。

他们弃牌了。

随着新冠疫情造成的混乱以及市场大动荡，比尔感到越来越力不从心，开始从交易中退出。有人曾告诉我不要担心比尔，因为他很快就会力不从心，不会揪着 Meetup 不放。但令我感到惊讶的是，他在与 WeWork 首席执行官进行握手交易的谈判过程中变得如此力不从心。查德失去了比尔这个投资者，也失去了之前所有的投资者，最后只剩下一个投资者，只愿意投资几百万美元。一个月内，查德从想象中能够筹得 6 000 万美元，最终真正可以筹到的只有 200 万美元。

查德回归 WeWork 的交易，价格已经降到了难以想象的 1 000 万美元，显然已经够低了，但 WeWork 希望保留 10% 的股份。我后来了解到，保留这 10% 的所有权在业界通常被称为傻瓜保险（schmuck insurance）。其基本意思是：没有任何一家卖方公司想看起来像个傻瓜，如果出现所售公司业务反弹，价值增值 5 倍、10 倍甚至 20 倍的情况，企业至少可以按照保留下来的 10% 的股份参与分成。

然而，问题是，由于新冠疫情正在对世界上最大的线下社群和活动平台 Meetup 造成巨大冲击，查德连 1 000 万美元也无法筹到。到 3 月中旬，我们的活动组织量、新用户量、活动回复数量以及几乎所有指标都下降了 60% 到 80%。尽管由于我们采用了会员费业务模式，我们的收入稳定，但不可避免也会迅速下降。我们的业务滑坡很快，近乎损失一切。

时值 2020 年 3 月的第二周，最具讽刺意味的是，Meetup 是首批被赶出 WeWork 办公大楼的公司之一。纽约市的第二例新冠病例是我们的一名员工，一直到 3 月 10 日，我们都必须足不出户。媒体对此津津乐道。我们即将被出售，没有了办公室，流失了大量会员和组织者，并且随时面临被 WeWork 宣布倒闭的可能性。WeWork 的财务团队已经计算好永久关闭 Meetup 的成本，接到他们的电话通知似乎只是个时间问题。也许我们应该重回几个月前那个 100 万美元的报价？

我想最后一搏，于是决定再次联系凯文·瑞安。在交易的早期，我曾向他寻求建议，也曾问过他比尔的声誉如何。有一次，他告诉我，如果价格成为一个“明摆着的机会”，他会感兴趣，并能迅速采取行动。凯文只投资初创公司，从未收购过像 Meetup 这样有着 18 年历史的企业。这有悖于他的整体战略，但他也是一位精明的商业领袖，明白这个道理——如果有机会，人们不应该拘泥成规而忽视机会。

过了一段时间，查德告诉我，他找到了第二个投资者，总共可以筹得 600 万美元的资金。我打电话给凯文，告诉他我们的交易期非常短，现在“明摆着的机会”已经出现。Meetup 当年以 1.56 亿美元的价格被 WeWork 收购，现在规模扩大了 15%，获取的利润也更高，而且，Meetup 90% 的股份以 1 000 万美元的低价即可购得。查德延长后的排他期即将结束，我问凯文是否有兴趣以 400 万美元入股。我很快发给他有关 Meetup 的所有历史信息，但由于新冠疫情对业务的巨大影响，大多数信息都已经不再适用。全球范围内几乎所有的现场活动都被取消，我们的组织者正以创纪录的速度取消他们预订的活动。于是我们推出折扣预订和免费短期预订（新冠疫情一个月也就过去了，对吧？）。尽管我们的业务迅速下滑，不到 24 小时凯文就告诉我他入股。他签署了协议，加入投资人行列。

凯文在科技行业很受尊重。20 多年来，他一直是纽约科技界的一位领袖，如果不是唯一领袖的话。正因如此，查德和我请凯文直接给 WeWork 打电话，告诉 WeWork 我们现在继续推进，于下周内完成交易。WeWork 信任凯文。

只是我们还没完全准备好。查德实际上只筹得了 400 万美元。

我们需要向 WeWork 支付 1 000 万美元，还需要留出至少 200 万美元用于未来的开支，总共需要 1 200 万美元。凯文和我怒火中烧，因为一切条款我们都已经谈妥，查德提供一半以上的资金，其余资金由凯文提供。凯文随后同意投入约 800 万美元，查德为此也做出一些额外让步。我们已经达成一致，现在只需要 WeWork 最终予以确认，几天之内便可完成交易。凯文告诉我，这是他对所有公司做过的最大的投资之一，而对他要收购的这家公司做的尽职调查最少。他说他相信 Meetup 的使命，相信我，这对他来说就足够了。信以致远，凯文对我的信任也让我确信我也可以完全信任他。

挑战 38　心力交瘁如何坚持下去？

直到结束才算结束。WeWork 最后又冒出一个竞标者。

决策 38　锁定奖杯

当你知道终点临近时，心力交瘁不算什么。末日来临时，你总能重整旗鼓。工作中是这样，生活中也是如此。甚至已经证实，病人去世之前，他们也会振作起来，在去世之前的几天和几个小时通常是最清醒的。然而，希望 Meetup 没有走到终点。

WeWork 再次惊到我们。WeWork 留了一手，一直暗中和另一个买家联系着，但我不知道他们已经谈得非常深入，而且这个买家还很靠谱。WeWork 想要巧妙地重新创造一个竞争环境，试图重新获得 Meetup 最近失去的一些重要的潜在价值，并迫使各方加快交易。这是每次尽职调查会议的惯常做法，我确信我认识对方。这是一家由威利·赫顿（Willie Hutton，化名）经营的小型私人收购实体。威利6个月前的出价也像其他众多买家一样高于我们的最初出价。他和我在尽职调查过程中建立了很深的关系，他告诉我，收购资产一个颇具价值的策略是“若即若离”，无论出售过程延续数月还是数年。对这笔交易而言，他现在是我们唯一的竞争对手。

我打电话给威利，他许诺在我与凯文和查德达成的协议基础上，在两个方面显著提高我的待遇。威利现在直接跟我谈条件，而不是通过 WeWork，这是一个有趣的转折。他首先提出将我与凯文商定的股权增加一倍。他还告诉我，只要我在4年内不辞职，他就会确保我的股权。即使我被解雇了，我也有足够的保障，40多岁就可以退休了。虽然这个提议很撩人，虽然我对威利印象不错，无论作为个体还是商业领袖，但我还是毫不犹豫地拒绝了他的提议。这不是被个人私利蒙蔽的时候。

最重要的是，我已经决定，我的首要任务是与一个我绝对信任的投资伙伴合作。我认识凯文已经22年了，他几乎没有做任何尽职调查就愿意收购我们公司。我喜欢威利，他似乎也值得信赖，但我并不真正了解他。

我问威利，为什么他会提出这样一个不同寻常的提议，威利的回答让我颇感震惊。他说，他和 WeWork 的并购主管谈过了，WeWork 已经决定，我支持谁谁就获得这笔交易。我既不是买方也不是卖方。18个月前，我也不是投资者，与 Meetup 没有任何关系，但 WeWork 坚持让我最终拍板。恭敬不如从命。尽管威利能提供更多的保障和薪酬，但我还是选择了凯文，选择了诚信。拍板并不难。

竞争产生强大的动力，但领导者没有充分利用竞争的杠杆作用。竞争可以激励团队，激发紧迫感，从而促使业务显著增长。我在每日健康担任高管时，该公司的创始人非常善于将 WebMD 列为其讨厌的竞争对手，寻找任何机会将我们的表现与他们的表现进行比较，将其作为推动营销或销售业绩的激励力量。竞争提供了一个基准，而天生具有竞争力的人（大多数领导者都具备）寻求超越这个基准。

领导者必须找到利用竞争来激励自己的方法，就像 WeWork 让威利来参与谈判以与凯文形成竞争一样。但是，竞争只是一种动力，而非做出决策的理由。懂得什么时候利用竞争，什么时候不要使用至关重要。明智的决策很少是出于对竞争的恐惧而做出的，但许多糟糕的决策诚然如是。

挑战 39 什么时候应该相信你的直觉？

很快，我接到了威利打来的电话，他急切要求与凯文直接对话，以进行联合投标，这样 WeWork 就无法使双方展开竞争，从而获得最高的报价。威利想作为投资人加入我们的交易。

我是应该接纳威利，从而让 WeWork 的谈判策略无从发挥效力，还是应该听从自己的直觉（直觉认为这是错误的）？

做决策时，你何时应该相信自己的直觉而非逻辑呢？

决策 39 永远相信直觉

相信直觉。人很容易变得贪婪，尤其当金钱可以改变生活的时候，但真相总会浮出水面，而威利所言在逻辑上通过了诚信“标题测试”，对此，我感到有些困惑。

我不是合同法方面的专家，但直觉告诉我，联合投标听起来不太合适，即使合法，也不是合适的路径。在道德问题上，领导者要相信自己的直觉。无论允许还是不允许，只要感觉不对头，就不要去做，这种事情从来都不值得。我告诉威利，我会和凯文联系一下，但个人感觉这个主意不是很好。凯文和我聊了聊，他的态度更坚决，在交易之前不想与威利进行任何对话。凯文再次展示出他的正直和专业精神，这让我对与他合作感到兴奋。我告诉威利，如果我们中标，我很乐意在交易后让他和凯文联系，但我们不想有任何潜在的冲突。以下是我从谈判中获得的一些经验：

1. 在谈判中不自私可以产生最自惠的结果。我还没有提到，查德物色的投资人中唯一没有抛弃我们的是乔·斯坦伯格（Joe Steinberg）。乔是一位睿智、谦虚、专业的投资者，我们第一次交谈时，我就喜欢上了他。在我们与查德就相关问题产生争议时，乔为了确保交易完成，愿意牺牲他的股权和短期资本来支持查德，以使凯文同意新的交易条款。为了使凯文和查德达成一致，乔甚至自降条件。交易完成后，需要决定谁将参与董事会会议和其他最终决策，凯文和我决定要依照乔的心思予以安排。乔心地善良，他的无私注定会终生得到善报，而凯文和我都在时刻准备着给他回报。

2. 确保你的合作伙伴能力充足可能比志同道合更为重要。凯文的律师审查了 Meetup 交易的法律文件和其他交易文件，发现查德的工作存在诸多纰漏。我最初别无选择，只有查德可以合作，因而也不想现在放弃我的合作伙伴，但我确实有点冒火，查德为何不能扎扎实实把交易手续办妥？

自从接到那个致命的电话，通知我 Meetup 要被出售以来，已经过去了七个月，而这七个月对我来说非常漫长。威利知道我不支持他后就决定退出交易，现在只剩下凯文和我。我们现在有三个不同的律师事务所在同步工作—— 一个代表查德及其拟定的初始法律合同，另一个代表凯文，第三个代表 WeWork 来敲定最终交易细节。每次 WeWork 表示他们不愿意在某个关键项目上让步，但他们最终都会让步。每家律师事务所现在都将从这笔交易中获利 30 万美元以上。除了 WeWork，这个结果对其他所有参与者都属利好。那是 WeWork 自作自受，我不同情他们，尤其是见证其随后所为之后。

挑战 40　如何传达重大消息？

如何把这样一个传奇事件告诉员工？

决策 40　去除冗杂，力求简单

直截了当传递消息。尽可能有条理、有计划，说干货：公司被出售将如何直接影响每位员工的利益。与员工沟通时遵循 WIFM 原则。22 年前，我第一次与凯文·瑞安合作时就了解到这一点，从那之后就一直应用。与员工分享 WIFM，这是他们最初的主要关注点。

WIFM 是什么？它是“What’s in it for me”的首字母缩合式，指的是“对我来说意味着什么”。一个周五的下午 4 点，WeWork 慌手慌脚地给我打来电话，通知我需要立即召集所有 Meetup 员工召开紧急会议，通报 Meetup 出售交易已经于 3 月 27 日晚上完成。不是瞎编，无论情况如何，WeWork 的无能总能将最普通、最简单的事情搞得一团糟。尤其对 WeWork，我更不会感到惊讶了。

Meetup 员工已经居家办公几个星期了，召开远程 Zoom 会议向员工宣布 Meetup 出售交易已经达成是最不理想的可行报喜方式。我很不情愿在周五下午 4 点在毫无准备的情况下临时召开会议，这不是我想要的开启公司新篇章的方式——在忙乱中向员工介绍公司的董事长凯文，回答员工可能提出的诸多问题。

WeWork 的并购团队告诉我们，由于 WeWork 的人力资源管理系统出现故障，如果我们不尽快让员工知道 Meetup 已被出售的消息，系统将在午夜向所有 Meetup 员工自动发送一封电子邮件，通知这些员工他们不再隶属 WeWork，这会搞得沸沸扬扬。

以前，我曾赶在 Meetup 员工从外部渠道得到坏消息之前，把消息告诉他们。我还制定了不太成熟的战略，使公司保持正常运转，而不是等着战略成熟了再推出。基于这些早期做出的决策，我应该现在立即召集员工开一个没来得及做任何准备的会议，宣布公司已被出售，还是推迟召开会议，以期找到另一种处理方式？

挑战各有不同，虽然之前的决策可以对你提供指导，但你不必按以往的经验行事。虽然我过去行动迅速，但现在立即行动可能会忙中出乱；慢一些，情况会大有不同。鉴于此，我拒绝在那天下午召开全公司会议。作为首席执行官，近 18 个月来我历尽艰辛，7 个月的售卖过程更是令我心力交瘁，我不会匆匆忙忙召开会议，宣布这一来之不易的结果。我需要，更重要的是，我们的员工需要听过这个消息时感到振奋，充满干劲，为即将到来的变革创造一个稳妥的环境。一定有办法阻止那封自动邮件在午夜钟声敲响的时候发出去！

我打电话给 WeWork 的首席执行官、他们的人力资源主管、法律主管、并购主管、首席技术官，以及任何可能想出办法更新他们人力资源系统的人。几个小时后，WeWork 找到了修复系统通知的方法。典型的 WeWork 风格：全然不顾员工的影响和反应；连最基本的操作能力都没有。终于和这家极不完美的公司告别了，和我对WeWork感到厌恶的一切告别了。WeWork不乏非常聪明、深思熟虑之人，但作为一种文化，这些深思熟虑之人创造的体系在其指数增长下崩溃了。

重生的Meetup将旧貌换新颜。我们将建立流程和系统来支持团队的决策，支持创造性的方案，对突出表现予以奖励。我们要心系员工。

另一个体会是，如果你知道有些事情毫无意义，完全可以大胆而为，雷霆出击。矫枉过正也无妨，把事情解决到位，消除员工的后顾之忧。永保善良，勇敢行动，不管后果如何。

终于，我们准备好了。3月29日周日晚些时候，我们给所有员工发了一封电子邮件，内容是第二天早上召开会议，将有“重大消息”宣布。我找到了一件WeWork T恤（可惜不是我换来的那件），用胶带粘掉他们的名字。所有员工随着乔治·迈克（George Michael）的“自由”（“Freedom”）跳起舞来，Zoom会议就此开始。我脱下WeWork T恤，露出里面的Meetup T恤，所有员工开始尖叫，疯狂鼓掌。

交易完成了，我们安全了，我们要自己创造未来。我告诉员工，现在每个人都是Meetup的主人，因为新董事长凯文·瑞安为员工设立了健康的员工期权池。凯文随后发表了讲话，表达了他对Meetup的使命充满热情，分享了他与Meetup创始人斯科特·海弗曼的关系，并表示在疫情的艰难岁月里将对我们提供坚定支持。我分享了我最喜欢的关于凯文的故事：大约10年前，我曾问他职业生涯中最值得骄傲的是什么，他告诉我，他最骄傲的是自从DoubleClick在20世纪90年代末成立以来，已经从公司走出了100多位首席执行官。令人称奇的是，凯文在 25 年前就结识了 Meetup 的创始人斯科特·海弗曼，斯科特很高兴 Meetup 在未来几年由凯文安全可靠地掌控。童话般的美好结局很少发生，尽管我们知道我们还有很长的路要走，才能完成我们为全世界数十亿人推动建立纽带和构建共同体的使命，但既然我们把未来牢牢掌握在自己手中，我们坚信未来可期。

然而，在结束这一章之前，我想小结一下关键要点。作为一名领导者，你终有一天会被一场危机弄得措手不及。我遇到的危机是新冠疫情。天知道你遇到的危机会是什么，但无论是什么，以下是应对危机的关键技巧：

- 挺住。有时候，如果你坚持，就会发现车到山前必有路。
- 记住：一切即将结束。当你知道一切即将结束时，心力交瘁就算不得什么。
- 在道德问题上，相信你的直觉。如果感觉不对劲，就不要去做。
- 应对危机的方法要保持简单、直接。人们最关心的是危机将如何直接影响他们。

第九章

使命所系

09

我珍视群组的力量，因为我亲身经历过。我成长在一个正统的犹太宗教家庭中，社群对我而言是一种生活方式。谁家有人过世时，整个东正教群组聚集在一起，给逝者家属带去食物，并在逝者家属的七日服丧期内到家吊唁。每逢有人家结婚、生子，大家总会聚在一起予以祝贺，这些宗教传统可以追溯到几千年前。作为一个成年人，我也通过孩子的学校、我的职业和其他生活途径找到了群组。群组之谊在我的一生中扮演了不可或缺的角色。Meetup 是一家专注于建立群组的公司。Meetup 知道，当我们和其他人在一起面对面交流时，我们的生活会变得更加美好。

Meetup 是由斯科特·海弗曼联合其他三人在双子塔倒塌后立即创建的，可以说是建立在“9·11”事件的灰烬之上。那天，斯科特离开他的公寓时，看到数百人在他家公寓大厅的周围徘徊，不知所措，但不想自己一个人待着。斯科特见到了他以前从未见过的楼里的居民。于是，他对自己说，人们不应该在“9·11”事件这样的悲剧之后才明白群组的重要性。这就是 Meetup 创立的初衷，Meetup 要让所有人建立并找到自己的群组。

新冠疫情是比“9·11”事件更大的悲剧，在感染高峰时期甚至每天都比“9·11”事件造成的伤亡更大。疫情打乱了 Meetup 建立群组的方式，但没能动摇 Meetup 的使命，就像 WeWork 出售

Meetup 也没能撼动 Meetup 的使命一样。事实上，这反而给我们平添了勇气，因为人们比以往任何时候都更需要群组，更需要加强联系。

交易结束了，我们开启了新篇章，也迎来了新挑战。我们遇到的麻烦是在疫情期间只能通过纯在线的方式将人们聚集在一起开展活动，而这有悖 Meetup 的初衷和理念。事实上，Meetup 自创建以来拒绝了不少组织者，他们之所以遭到拒绝主要是因为他们不想建立一个面对面的社群。我们只组织面对面的活动——在疫情期间，这绝非一个好的商业模式！

Meetup 一直认为，人们面对面聚在一起时所产生的魔力是网络无法替代的。公司创始人斯科特·海弗曼甚至在一次重要的 WeWork 会议上拿起大锤砸向一台虚拟现实设备，意在让人们充分认识到“我们使用技术只做一件事：让人们远离技术。这就是我们的目标”。

挑战 41　什么时候引领公司进行重大转向？

我们是否应该转向只允许开展在线活动，尽管这违背了公司的核心要义？

决策 41　当公司走向与公司使命不一致时就应该转向

最终，我们意识到我们的使命并不真正在于是否开展面对面活动，而是确保人们之间保持联系。

于是，我们开始转向。

我们的目标是利用技术来建立群组。当然，这要求我成为一名指挥型的领导，虽然这并非我之所愿。我们没有时间讨论建立数字社群以及通过 Zoom 平台开展活动有哪些好处。我们刚刚被 WeWork“踢出”，遭遇到生存威胁。我知道，要不是我们在 WeWork 旗下被毫无章法地管理，经历了令人眩晕的售卖过程，且遭受到新冠疫情的威胁，我们依然会执拗地将过去的理念奉为神圣，从而导致 Meetup 最终走向毁灭。现在我要自己做出决策，而且力求务实。我认为我们需要张开双臂，欢迎在线活动。这需要员工放下手头的要务，尽快开发 Meetup 在线活动。没有一个工程师或产品经理愿意完全放弃他们手头的要务，但他们也都明白如此决策的重要性。事实上，员工几乎一致拥护这个决策。我们不要冒进，必须先行为 Meetup 在线活动推出最小可行性产品（MVP），这个产品不一定能带来令人惊叹的用户体验，但可以让我们的数百万会员来“尝尝鲜”，然后我们继续改进。

我们再度进入“战时”状态，如果我们诚实地承认我们推出了一个最小可行性产品并解释清楚此举的意图，我们的成员和组织者会欣赏我们的快速转变，理解我们对产品做出的改进，进而快速成为我们的追随者。承认某一行为并非最佳选择非常重要，因为“人们心中有数”。如果你要按照不同的剧本来演，选择不去授权而是收权，搞一回“一言堂”（通常这是正确的做法），最好大大方方承认，不要试图隐瞒。

不到一周的时间，在线活动就开始运行了。在接下来的一个半月，我们对用户体验做了许多改进。组织者可以使用任何视频会议平台来创建在线活动——我们已经使用了 100 多个不同的平台。我们有跑步群组，他们举办个人在疫情期间独自跑步的活动，然后群组成员聚在一起，边喝精选的草药茶，边讨论跑步。群组成员实时会面，尽管是远程会面。我们把桌上游戏群组转变为在线快艇骰子（Yahtzee①）或在线行动代号（Codenames②）。我们的技术群组从一个城市的 30 名参加者发展到几十个国家的数百名参加者。

虽然在疫情的前几个月里我们对转向线上活动心里特别没底（仍然在确保安全的情况下组织线下户外活动），但这使我总结出成功转向的 6 大原则，可以用来指导决策制定。

成功转向的 6 大原则：

1. 保持定力。就像打篮球一样，当你转身时，一只脚要牢牢踩在地上。你不应该改变你的使命；你不应该改变你的愿景；你不应该改变你的价值观。

宾夕法尼亚大学 ImpactED③ 中心进行的一项独立研究发现，89% 的 Meetup 组织者认为 Meetup 对人们的生活产生了积极影响。令人印象深刻的是，90% 的会员认为他们在参加 Meetup 活动时获得了知识和技能。Meetup 让人们的生活变得更加美好。人们参加的 Meetup 活动越多就越快乐。这是一件多么美好的事情。

---

① 快艇骰子（Yahtzee）是风靡全世界超过 40 年的经典骰子游戏，通过掷骰子与记分表进行游戏。游戏的挑战性部分是让你平衡你选择上的机会。它可让你随时煞费苦心、步步营算，充分享受赌徒的乐趣。——译者注

② 此游戏的规则是："游戏开始前，你需要将所有玩家分成人数和水平大体相当的两支队伍。在一局标准游戏中，你至少需要 4 名玩家参与（每队 2 名）。每支队伍推选出一名间谍头目，两名间谍头目将坐在桌子的同侧。相应的队员则分别坐在自己队伍间谍头目的正对面，扮演着间谍下线的角色。然后，随机抽取 25 张行动代号牌，并在桌面上排列成一个 5×5 的网格。每局游戏都有一张关键牌，记录了所有行动代号牌的秘密身份。间谍头目随机抽取一张关键牌，任选一边插入底座，并放在两名间谍头目之间。注意：抽牌时，间谍头目不能思考太久，抽完后迅速插入底座，也不能让间谍下线看到卡牌内容。"——译者注

③ ImpactED 是宾夕法尼亚大学通识与专业研究学院（Liberal and Professional Studies）的一个评估和培训中心，致力于为社会和公立机构提供关键技能和数据，以加速社会变革。——译者注

所以我们要始终保持定力。我们说："我们的使命是通过建立和加强真实的人际往来以促进个人成长。最重要的是真正的人际往来，这种往来不一定是面对面的，在线活动完全符合这一使命。"

2. 用最佳实践支持你的转向。尽可能多地通过最佳实践进行示范、开展交流活动和教育培训，真正帮助人们理解为什么进行转向。通过教育培训，使每一位组织者知晓如何从线下转到线上开展活动。

怎么在网上跑马拉松？答案是，人们可以各自跑步，然后聚在 Zoom 上喝啤酒，依然可以在网上进行互动。当然，有些项目做起来比较容易，有些则颇具挑战。我们为组织者创建了工作坊、"社群议事厅"博客以及讨论小组，为他们提供指导机会和在线活动模板，以帮助他们转向在线活动。交谈是最理想的交流方式，因此我们邀请所有组织者和最积极的会员参加我们创建的新论坛——Meetup Live。我们向组织者宣讲转向，转向可以给我们带来什么机会以及我们为什么要进行转向。超过 10 万人集体参加了这些教育活动。

挑战已到来：我们的许多成员发现自己在与"Zoom 疲劳"做斗争，这与技术有关，但也是没与他人直接互动的结果。关键是确保活动尽可能保持互动性，每个活动都设立分组讨论室（breakout rooms），使用类似破冰者（Icebreaker app）的应用程序让人们提前见见面，玩玩游戏，聊聊大家在疫情之后最喜欢去哪个国家，等等。确保活动和活动之间互动不断档，让人们热火朝天地聊起来。

我们还敦促组织者，在世界上大多数地方天气最好的夏季和秋季，尽量安全地组织线下聚会。活动可以有各种类型，比如读书俱乐部、编织小组、品酒会等不一而足，在这些活动中，大家可以戴着口罩，隔开 6 英尺[①] 的距离就座。关键是户外线下活动要确保安全，在线活动要确保互动。我们还向组织者提供了免责声明和说明，提示他们遵守疾病预防控制中心的规定非常重要，以确保所有组织者比以往任何时候都更加重视安全。

3. 了解你的生态系统中正在发生什么。如果决定转向，你就需要了解用户以及你的生态系统中正在发生什么，然后向此方向转变。一个例子是，在 6 月初，我们看到大量“黑人的命也是命”（Black Lives Matter，BLM）群组成立时，我们瞅准了这个机会进行转向。

我们决定让每一个关注社会公正的群组都可以在 Meetup 上自由组织起来；我们想让大家知道我们是一个支持种族平等的平台。在这类团体中，我们现在有成千上万的成员。

4. 着眼未来，而不是仅仅关注当下。转向过程中，要特别关注未来的机遇，而不是只关注当前的挑战。为此，我们宣布大学生、研究生及任何有“.edu”尾缀电子邮件的人士均可成为为期 6 个月的免费 Meetup 用户。结果，我们的大学倡议——“校园社群”创建了 1 000 多个群组，参加活动的人数超过 10 万人。这对促进我们的成长非常有益。

如果你没有现金，就无法为公司做出长期决策。幸运的是，由于我们刚被收购，有新投资者的支持，因而有足够的现金保障，而且在疫情期间现金盈余还有所增加。与 2019 年相比，我们在 2020 年的运营中有数百万美元的现金状况改善。我们无须关注短期收入，也无须安抚混乱的母公司，我们的首要任务是确保生态系统的活力和发展。

---

① 6 英尺 =1.8288 米。——译者注

人们免费参加活动，超过80%成为组织者的人是那些最初经常参加 Meetup 群组活动的成员，而一周后、一个月后、一年或两年后，他们自己也创建了 Meetup 群组。着眼长远、越战越勇，将是我们开启新篇章后的核心要务。我们不把精力放在追逐短期收入上，也不梦想去实现亚当·纽曼追求的10亿美元的收入目标，那不切实际。

5. 充分利用数据。Meetup 拥有海量数据，包括整个疫情期间线下活动与在线活动的比例。一般可以明显看出，与面临疫情严峻挑战的国家相比，疫情处理得好的国家线下活动比例更高。

在前面的例子中，数据显示“黑人的命也是命”群组突然增加，促使我们把重点放在鼓励社会公正群组的创建上。有几种方法可以判断你创建的群组是否成功。

就质而言，如果一个群组中每个成员都能保持真正的自我，这个群组就是最好的群组。我梦想中的群组具备多样性，成员来自各个种族、各个年龄段，各个宗教信仰等方方面面。即使是一个技术群组，群组成员在经验水平、年龄、背景和编程语言等方面也应表现出诸多差异。

就量而言，我们关注重复参加活动的人员数量。这是一个简单的衡量标准，但是如果一个群组有1万人，而每次活动都有不同的50人参加，那么这个群组就会缺乏生气。如果一个读书俱乐部群组有18个人，每次有13个人参加，还有两三个新人加入，那就堪称巨大的成功，因为这意味着有些人多次参加活动，从而建立起深厚的关系，而这些深厚的关系又吸引他们再次参加活动。理想情况下，每次活动都有新鲜血液加入，因为社群因新人的加入而壮大、加强。

6. 寻求新客户和新的收入来源。确保走出去寻找新客户和新的收入来源，作为你转向的部分任务。对我们来说，我们有一个名为

Meetup Pro 的业务，通过该平台，亚马逊、谷歌和微软等公司建立了数百个不同的 Meetup 群组。许多创始人还创建了 Meetup 群组，围绕产品营造共同体。

我们更加积极地向企业对企业模式倾斜，作为我们转向的重点。我们还努力围绕感兴趣的主题确定不同的群组，然后联络这些群组，并推动与群组中的任何人进行互动，将其作为额外的增长来源。

挑战 42　如何评估转向是否成功?

作为一名领导者，转向在线活动对我来说很有价值，但对 Meetup 来说有价值吗?

你如何知道你的决策是否正确?

决策 42　有时不难判断。你别无选择，只能转向。如不转向，你就死定了

有时，评估一项重大决策是否正确可能需要 10 年时间，而其他时候，你可能很快就会收到清晰的信号，表明你的决策是正确的。对我们的转向而言，我们立即就知道我们做出了正确的决策。

在疫情开始后的 12 个月里，参加 Meetup 活动的人数超过 1 500 万，举办在线 Meetup 活动 250 万次，而在之前的 18 年里，Meetup 的在线活动为零。我们的成员比疫情之前更渴望社群活动。孤独感空前高涨，而 Meetup 可能是解决世界上社会隔离问题的一个长久之计。Meetup 在此前 4 年亏损高达近 5 000 万美元，但自从被出售以来，每月都在盈利。

Meetup 也开始带头举办线下活动，一旦我们弄清如何安全开展线下活动，就开始全面铺开，先从新西兰、澳大利亚、中国香港特别行政区、韩国和新加坡开始。这些国家和地区已经击退新冠疫情。我们欣喜地看到，Meetup 开始举办线下活动，参与者很快聚在一起，速度超过了新冠病毒暴发前的水平。之后线下活动开始在欧洲、美国举办。我们的营销团队密切注视着世界上每个主要城市和国家新冠病例的上升和下降趋势。如果某地病例增加，我们就会缩减营销支出；病例再次减少时，我们就增加营销支出。我们创建了极其复杂的金融和营销模型，分析哪些话题在哪个季节和哪个地点最受欢迎，以及每个国家受到新冠疫情的影响程度，以确定在哪里开展营销活动，倡导我们的数百万会员安全举办活动。一些主题群组增长迅速，比如精神、健康、骑行、网球和户外活动等。其他项目则受到重创，比如任何接触性运动（如篮球或橄榄球）及大型会议式室内科技活动。

尽管线下活动如火如荼地开展，我们的在线会议仍将继续保持稳定，尽管疫苗可以促进线下活动的开展，线上活动仍将保持增长。组织者最大的担心是，一旦疫情减弱，我们将取消在线活动。我已经告诉组织者们，我们会一直保留在线活动，原因有很多：

1. 全球范围内树立品牌：例如，如果一位图书作者想使用 Meetup 创建一个围绕其品牌的群组，在过去，他必须在 2 000 个不同的城市创建 2 000 个不同的群组，而现在他只需创建一个在线群组，就可在世界任何地方拥有成员和粉丝。

2. 可以从数百万 Meetup 活动中挑选中意的活动参加：如果有人住在农村，想要学习一门新的语言或技术流程，在过去他只能参加其所在城镇的 Meetup 群组，而在一些小城镇 Meetup 群组很少。现在，世界上的每个人都可以获得与大城市市民一样的学习机会。在线活动可以破除城乡差别，给每个人提供平等的学习机会。

3. 全球范围的利基兴趣群组：如果有人对可收藏的20世纪80年代《星球大战》(*Star Wars*)动作玩偶感兴趣，或者，但愿不会如此，患有罕见疾病并正在寻找支持的团体，那么此人现在有了一个全球性的、规模大得多的群体，可以与之一起建立一个在线群组，而不是仅仅向附近的人求助。

出于以上以及其他一些原因，在线活动将永远持续下去。然而，Meetup的支柱业务必须回到线下。面对面的聚会有其特别之处。在后疫情时代，在线活动、在线联系和约会将会继续。视频会议也会在公司继续得到运用，以顾及员工的行为习惯和舒适度。

要不是因为疫情，我们也许永远无法给数百万人带来如此美妙的体验。疫情创造了机会，使我们加速转向。坦率地说，我们早就应该这样做，但过去有太多的文化禁忌，我们无法打破。

这样的禁忌并不是一个组织固有的，而只是表面看似固有的；是实然而非应然。也就是说，它们像霉菌一样随着时间的推移而增加，但并不是设计出来的。只要你相信真正属于企业设计的东西——你的使命，你就能跨越这些禁忌。作为一名领导者，你的工作就是不断质疑这些文化禁忌，并询问他人这些禁忌是否仍然有其预期功用，甚至开启一个新的预期目的。

这有助于我们能够克服最后的挑战。

挑战43　规划未来：希望打造一个什么样的公司？

作为一名首席执行官，我过去花了大量时间极力阻止WeWork

或其他潜在所有人摧毁 Meetup 的灵魂与未来。现在已经没有这种顾虑，而且公司所有人也真正支持我，我几乎是第一次扪心自问："我希望 Meetup 成为一个怎样的公司？"

我知道我不想让 Meetup 成为怎样的公司，但要理清想让 Meetup 成为怎样的公司难多了。

决策 43　坚持目标

乔治·弗洛伊德（George Floyd）被残忍杀害时，我们整个 Meetup 群组一起为他哭泣。我们互相支持，并且开始意识到，这场悲剧也能变为激励我们公司的力量。我们现在是一家更精简、更独立的公司，可以快速行动。我们制定了一个六步行动计划，利用 Meetup 的力量来推动种族平等。与此同时，我们借此机会深入挖掘 Meetup 所代表的意义，并利用 Meetup 在"黑人的命也是命"运动中展现出的优势，将其作为加速器，在未来的运动中发挥出更大的作用。

六步行动计划具体如下：

1. 捐助：与 Meetup 有色人种员工资源团体（Color ERG[①]）合作，确定 Meetup 最为重要的捐助对象。公司新任董事长凯文·瑞安随后答应为这项事业所做的所有捐赠提供等额配套资金。

---

① 员工资源团体（Employee Resource Group，ERG，有时也称为"亲和团体"或"员工社群"）是由雇主发起的自愿团体，围绕特定的社会文化身份组织起来。员工资源团体为员工提供了建立社会关系、给予和接受指导、提高职业和领导力发展以及参与社交和自我宣传的机会，同时也为雇主提供了一个有针对性地与特定身份群体的员工接触的机会。员工资源团体通常会召开会议、发起活动，并提供一个安全的空间来讨论特定社群的特有问题。——译者注

2. 提供员工支持：建立一个与多元化和包容性相关的资源中心、学习资料中心和演讲者队伍。

3. 推动投票：与非营利组织——我们都来投票（When We All Vote）合作，服务于即将到来的2020年11月选举，为国家的方向负责。

4. 会员教育培训：就“黑人的命也是命”这一主题在数百万会员和组织者中展开讨论，并创建一个持续的月度 Meetup Live 系列活动，活动名称为：消除社会不公（Dismantling Social Injustice）。

5. 服务社群建设：任何致力于促进种族平等的团体都可以免费使用我们最高端的产品——Meetup Pro。

6. 唤起“黑人的命也是命”意识：推动数百万游客加入推动变革的团体、参加推动变革的活动。

当我思考我们希望 Meetup 被出售后成为什么样的公司时，发生了两起全球性事件——新冠疫情暴发以及黑人的命也是命运动。这两大全球性事件明确了我们的重点：我们需要加倍关注公司的“灵魂”。我们的使命“通过真实的人际关系助力个人成长”才是我们的重中之重。如果我们将“灵魂”作为行动指南，必将释放公司的潜力，使每一个员工都能获得经济利益，而其前提只有以“灵魂”为首要任务。

时值2020年12月，我必须为即将到来的一年制订一个战略计划。我在缩短的时间框架内制定了2019年战略计划（这是我制订的第一份计划），因为员工要求他们的新任首席执行官给出快速指示。我在公司被售卖过程中制订了2020年战略计划，以安抚 WeWork 的那帮老爷们儿以及潜在买家，但这份计划很快由于疫情扩散被弃之窗外。我现在需要重新制订一个计划，不是为了给任何人留下深刻印象，而是为 Meetup 提供一个真正的方向。想不到的是，制订这样一份计划要难很多。

挑战 44　如何制订战略计划？

你如何制订这样一个计划？鼓舞人心但并非不可实现，重点突出但又不失灵活，立足现实但壮志满怀？

决策 44　借鉴过去经验

让历史来引导你，因为正如俗话所言：“历史不会重演，但总会惊人的相似。”

我告诉员工，Meetup 有机会推动增长，因为历史上有过先例：20 世纪 10 年代末也曾发生过双重悲剧——西班牙流感和第一次世界大战。在那个充满压力、令人身心俱疲的时期，数百万美国人和全球数千万人遭受了难以估量的痛苦。之后，美国和世界进入了一个新的 10 年，代表了人类历史上最伟大的增长期：咆哮的 20 年代（Roaring Twenties）。

在 20 世纪 10 年代末，人们因为害怕疾病不敢迈出家门，他们受到了闻所未闻的政治分裂的轰炸，焦虑和压力达到世纪顶峰——是不是听起来有点耳熟？之后，战争结束了，人们也获得了群体免疫，最终战胜了西班牙流感。想都不用想，人们当然渴望走出家门，去参加聚会（20 年代的咆哮不是没有原因的！），去参加会议和活动——过去几年里不许做的事情现在他们都想去做。

世界迈入 2021 年。

几乎整整一个世纪过后，类似的社会悲剧再度侵袭人类。在未来的岁月里，我们也会以同样的方式欢庆悲剧的结束，以同样的方式“咆哮”。社群联系和面对面互动势必比以往更加重要。虽然大家都说一切都被改变，但人类对交往的需求不会改变，这种需求根深蒂固，属于最基本的需求。人们将比以往更注重寻求新的体验，追求激情澎湃的生活，加强彼此之间的联系。Meetup 有望成为中心，促成一切美好如约而至。

我解释说，Meetup 有可能成为新冠疫情悲剧的最大受益者，因为人们必将重新焕发活力，渴望走出家门，拥抱世界。对全球疫情存在侥幸心理是非常危险的，我们需要格外小心，但 Meetup 能够并且愿意支持人们回返社群。公司的成立起因于另一个最大的悲剧——“9・11”事件。也许不该是悲剧让我们变得更加强大，而是宇宙神秘的运作方式使然，但我更愿相信摧毁不了我们的东西终将使我们变得更加强大。

我对历史可能即将重演感到兴奋，我们可以重历咆哮的 20 世纪 20 年代（希望这次结局更好）。这可能还需要再等六个月，九个月，甚至一年，但我们知道咆哮时代终将到来。Meetup 正在修复平台并不断改进用户体验，这将加速 Meetup 的增长。咆哮时代到来时，Meetup 可以随之一起咆哮。

修复平台并消除技术债将确保我们使用现代技术快速行动，提高用户体验。此举将把我们从遗留系统的束缚中解放出来，遗留系统是在我们可以依赖第三方工具来处理核心功能之前编写的。它也提供了创新活动组织方式的机会，允许通过发送电子邮件、推送通知和发送应用内消息等行业标准方式与用户进行互动。每一种方式都可以解释为什么解决平台问题能够推动 Meetup 的增长，但综合运用这些方式可以取得非常出色的效果。

我解释说，我也相信疫情已经从根本上并且永远地改变了人们的工作方式。大多数员工在“朝九晚五”的办公室工作已经一去不复返了（上一代好像依然是“朝九晚五”）。在工作模式新时代，我们将成为“工作漂泊者”，尤其是在Meetup服务最多的技术社群。人们可能一天有几个小时或一周有几个小时“飘”进办公室，或者根本就不进办公室。可悲的是，公司员工（尤其是新生代和千禧一代）再也享受不到过去通过工作获得的社会凝聚感和丰富的社群生活。他们不会像在新冠疫情暴发之前那样一天互动几十次，下班后一起去喝咖啡、吃午餐、去酒吧。他们最有意义的社群——和信任的同事在一起，亲密得就像朋友——将会分崩离析。

Meetup登场。

人们对社群的渴望不会减弱，促进社群生成的最大推动因素却在减弱，尤其是对职业生涯早期的人们而言。Meetup可以帮助填补这一空白。如今，世界范围内，社群已不再像过去那样发挥作用，在这样的形势下，Meetup变得愈发重要。在20世纪，我们也目睹过类似的转变：教堂社群和其他礼拜场所社群转变为其他社群；家长会和街区聚会转变为办公室组织的郊游以及工作聚会。如今，工作社群将向基于身份和兴趣的社群转变。直接影响未来社群走势的是Meetup。不好意思，脸书、在线活动等是远远不够的。最能促进人们现场参与面对面交流的不是其他平台，非Meetup莫属。

这两种宏观趋势——对面对面交流的强烈渴望和工作模式的裂变导致的基于身份和兴趣的社群增加——可以解释我为什么对Meetup的未来感到如此兴奋。我们无法控制新冠疫情对Meetup生态系统的短期破坏，但我们可以利用这些宏观趋势在2021年年底及以后实现重大增长，取得巨大成功。

我告诉团队，我们现在对所处的生态系统以及其中每项行动的价值有了深入的了解。经过仔细分析，本着我们的价值观“信任透明度”的精神，我们将公司 2021 年的工作重点放在三项活动上：参加活动的回复量（不断增长的需求）、新活动的创建量（不断增长的活动供应）和新组织者的加入量（更多的活动供应）。虽然这些都很重要，但我们 2021 年的重点是吸引新用户到我们的平台来参加更多活动，在此过程中，我们的主要增长点是推动每月 30 多万的新注册用户参加第一次活动。我们专注于成员之时就产生了各方共赢的局面。

我继续慷慨陈词：Meetup 毫无疑问会成功，因为它天生就是一个增长飞轮，不依赖于外部增长源，可以像过去一样“养活自己”，持续增长。Meetup 不需要 WeWork，不需要董事会。Meetup 甚至不要首席执行官。有些公司是超然的，充满无限生机，Meetup 就是如此。

在演讲的最后，我解释道：Meetup 会成功，因为我们的每一位员工都能感受到这个世界有多么需要 Meetup；每一位员工都知道，在未来几年该如何为推动增长和公司成功作出贡献。

员工们倍感鼓舞，焕发了新生，原因有二：在年终的最后十天全公司放假（有时你需要强迫员工休假，以避免他们心力交瘁！）；疫苗已经开始接种，而疫苗似乎是救世主，可将人与人之间的联系带到前所未有的高度。到目前为止，我们没有出过错。

总之，在你领导之旅的最后一段旅程，你几乎总是需要调整公司的方向。作为一名领导者，懒散太危险了。你可以这样做：

- 遵循我成功转向的六大原则:(1)保持定力，坚守使命;(2)用最佳实践支持你的转向，也帮助用户转向;(3)了解转向如何影响你的生态系统，以便做出相应的反应;(4)着眼未来的机遇，而不是仅仅关注眼前的挑战;(5)利用你的数据了解你的社群;(6)寻求新客户和新的收入来源。
- 评估转向是否成功。你可能很快就能得到转向是否成功的清晰信号。
- 转向之后为未来做好计划。这点你需要加倍努力。
- 创建新战略。让直觉和历史为你提供指引。

第十章 迎接每一天的挑战

10

我们被收购至今已经一年多了。疫情造成数百万人死亡，也摧毁了数亿人的精神健康。虽然这一年对 Meetup 以及我的家人来说都很艰难，但我认为自己很幸运，因为我的家人虽然都被感染，但没有造成死亡，也没有留下后遗症，我们还都接种了疫苗。在这艰难的一年里，我们居家工作，与孤独作斗争，但也一直陪伴着孩子和朋友，他们每个人都在奋斗，在逆境中成长。我从未想到每天晚上家人们围坐在一起玩棋盘游戏，整个家庭都在成长。我与邻居的关系也加深了，他们和我一样，经常在外面闲逛、散步。今年，我与朋友和家人一起散步数百次，比以往任何时候都更加欣赏社群的价值。

我感染新冠病毒后，被强制在家隔离近两周，当时我很纠结。我不是那种被关在家里还能快乐生活的人。时值冬天，我无法离开纽约的家，隔离期终于结束时，我决定做些改变。我体内已有足够的抗体，于是决定订一张去迈阿密的机票。我需要给我的生活注入一些随性和快乐，所以我草拟了一个遗愿清单，我漂了头发，染成了亮紫色，不想洗掉，想一直保持这样。感染新冠病毒之后，我需要像这样改改发色游走在迈阿密的街头来治愈自己。我和几十个陌生人搭讪。我已经有将近一年没有遇到陌生人了。当你遇到一个陌生人，你可能觉得他和你没有什么共同之处，但一旦聊起来，你发现原来你们面临同样的挑战、拥有同样的梦想。这种特定时刻可以擦出火花，对此我们都很享受。在 Zoom 会议上，我新染的头发震惊了我的朋友和董事会成员。许多人认为我正式进入了中年危机模式，但他们明白在被痛苦和单调包围的时候，需要愚蠢和花样来调节一下情绪。

挑战 45　如何过好自己的生活？

如何把你从职业生涯中学到的东西应用到个人生活中？

决策 45　放松点，做你自己

成为领导者需要在各方面成长。你会学到很多东西；你会遇到有趣的灵魂；你会获得难以置信的成功，也会遭受毁灭性的失败。所以有空闲时，你需要休息。放松点，做你自己。你已经学到了你需要的东西。做你自己，就能把事情做好。

我把头发染成亮紫色的那两个月（直到我去理发），发生了三件值得一说的事：

在迈阿密，有一次我沿着木板路跑步，跑到了南岬公园（South Pointe Park）。在那里，我看到数百名千禧一代随着海浪的节拍在跳无声迪斯科（Silent Disco[①]）。我轻手轻脚地走过去，看到一个和我年龄相仿的女士也在看他们跳舞。看得出她也想跟着一起跳，但不好意思一个人加入。Meetup 的口号是立即欢迎每个人参加活动，所以怀着染发带给我的自信，我告诉她我们可以一起加入无声迪斯科。当海浪向我们袭来时，我们尽情地跳舞、唱歌。这种感觉直达内心，令人振奋，宣泄情绪。它进一步证明了面对面活动的冲击力远胜于在线体验。之后，我又待了一个小时，听那些参加无声迪斯科的年轻人讲述他们的生活故事。这在网上是不可能发生的。

我是正统的犹太人，经常戴亚莫克便帽（yarmulke）。没有多少把头发染成紫色的人戴亚莫克便帽，但是在迈阿密确实有很多人或者染了头发或者戴着亚莫克便帽。对我在街上遇到的那些人来说，他们一方面认为我是宗教传统主义者，另一方面又觉得我是粗犷的个人主义者，这是一个有趣的二分法。许多信奉宗教的犹太人看到我时都张大了嘴巴，我的形象消除了其他人对正统犹太人从传统角度出发的先入之见。很多人拦下我，评论我的头发，我们开始聊了起来。通常，那些对话打破了人们对宗教人士的刻板印象，有助于使人们受到教育，消除他们的某些固有观念。

回家后，我了解到人们对我染发一事反应不一。有几个人告诉他们的妻子，他们很担心我。有一个人的老婆居然打电话给我老婆，对我表示诚挚关切。还有其他一些朋友和邻居在街上好奇地拦住我，

① Silent Disco（无声迪斯科）最早起源于欧洲。20 世纪 90 年代，一批热爱迪斯科又有环境意识的荷兰青年常选择在一些僻静幽深的环境里举办迪斯科舞会，但为了不惊扰森林里的动物，他们就发明了这种戴着耳机跳舞的迪斯科舞会，这就是 Silent Disco 最早的形态。随后，这种奇特的玩法辗转流传到英国和欧美各国。时至今日，Silent Disco 已远渡重洋，相继传至韩国、澳大利亚等各个国家，让世界各地的音乐爱好者都能体验这种独特的舞动方式。Silent Disco 因其“无声”的特点，彻底打破了空间上的限制，让平常本来不可能放音乐的地方，也成了欢乐的据点！——译者注

或者莫名其妙地和我击掌。头发成了我快乐和幸福的源泉。通过此事我了解到，人们对与其不同的人会做出不同的反应。一些反应很棒，而另一些则令人不安。我只能想象那些长相、行为或梦想与大多数人背道而驰的人的感受，他们可能或根本不能把梦想外化为行动。

疫情期间，我对自己以及领导力有了更多了解，可以在本书的关键原则背景下反思这些经验：

- **永保善良：** 孤独是一种流行病，对那些在疫情期间遭受痛苦的人产生了叠加效应。我深深地同情那些在这段时间里独自生活、隔离在家、内心孤寂的人。两周的隔离对我是一种折磨；我无法想象对数千万人来说，被隔离该有多么痛苦。
- **永远自信：** 作为一家依赖于会面开展业务却无法进行会面的公司的领导者，很容易会对Meetup的未来产生悲观情绪。连续四百天，我每天都会收到报告，显示业务量相对疫情之前的水平有所下降，我也难免会感到痛苦和沮丧。事实上，我们的一位高管就是这样，我们一致认为他必须离开公司。然而，我不允许这种事情发生在我自己身上。我知道首席执行官会有放大效应，尽管疫情一波又一波，我必须照样精力充沛，照样信心满满，否则，所有人都会失去信心。
- **大胆而为：** 我一直认为最大的风险来自不冒任何风险。我的一些朋友选择继续自我隔离，以消除任何感染新冠病毒的风险，结果在情感、身体和心理上都遭受了巨大的痛苦。小心点没错，但即便风险真实存在，我们依然需要放开手脚，享受生活。
- **扩展选择：** 以前，我从未像现在这样热衷跑步。虽然健身房都关闭了，但我从未像在疫情期间那样游泳或锻炼的次数那么多。我的精神健康和理智情绪依赖于锻炼，尽管出现了疫情，或者说正是因为疫情，我的身体比过去几年都要好。

- **着眼长远：** 正如我前面提到的，疫情给了 Meetup 和许多其他公司一个机会，使他们可以退后一步，少去关注短期增长或 WeWork 驱动的万福玛利亚计划（Hail Mary projects），即便孤注一掷，也是希望渺茫，而是把精力更多用在消除技术债和文化债上。花时间建立一个强大的数据驱动的规划流程并使 Meetup 快速迭代，这将在未来几年给 Meetup 带来巨大回报。我真正相信的是疫情托住了 Meetup 而不是拖累了 Meetup。
- **坦诚相见：** 我过着极其优越的生活，虽然我过去也认识到这一点并充满感激之情，但在去年这种感受尤其深刻。虽然许多有色人种的人士经历了极具挑战性的一年，服务行业的许多人失去了工作，努力确保不饿肚子，但我最大的痛苦是无聊。我学会了正视自己和他人，更加理解生活对许多人是多么不公平，理解了我们这些养尊处优的群体帮助弱势群体有多么重要。疫情极大地扩大了不平等的鸿沟。
- **行动要快：** 作为一名曾策划过学生面对面聚会的大学教授，我有资格在 2021 年 1 月接种新冠疫苗。我具备可选性！我决定等几个星期，以确保不与老年人或体弱者争疫苗，但也在较早接种疫苗的行列。由于早早接种了疫苗，我得以拥抱我的妈妈，花更多的时间帮助朋友，比我的许多同事过得更充实，生活节奏也更快。没有理由等待。既然没有理由等待，干就对了。
- **力求务实：** 在疫情期间，我们的有些高管和经理能够优先考虑自己的情绪健康和身体需求，因而风生水起，成为其他成员的力量源泉。其他领导者就没那么务实了，没有意识到照顾好自己的重要性，因而也没有额外精力去顾及他人。由于他们的压力、悲观情绪和对病毒的恐惧持续存在，无法有效领导公司，最终只能离开。

- **做有益于企业的事：** 整整一年，我们一次也没问过："董事会想要什么？"事实上，员工经常问我这个问题，我总是这样回答："董事会希望我们搞清楚我们想做什么，并且集中精力去做。"没有政治斗争，不用为具体的行动找说辞，投资人完全信任我们，领导层也完全信任一线经理。我们的原则是遵循"颠倒的组织结构图"，结构图的最底端是我，负责支持结构图上面的人。整个公司的组织结构图都是如此。这样才能确保我们的所言所行有益于企业，而不是只顾着员工高兴或者董事会关心的事情。
- **心系员工：** 一个团队集中在一个办公时，沟通起来就不容易，当所有员工分散在各地时，沟通起来就更难了。我们决定利用省下来的租金加强沟通，加大对员工健康的投入。我每周召集所有经理开会，每月开全体员工大会。每次高管团队会议结束时我们都会提到这个议程项目："根据我们今天讨论的内容，可以与员工分享什么？"我们将每周三定为健康星期三，聘请瑜伽教练、冥想导师和其他顾问来帮助压力大的员工找到放松自己、帮助他人的最佳方式。我们心系员工，员工也心装公司，为 Meetup 努力工作。
- **不大惊小怪：** 一年的合作证明，Meetup 的收购者凯文·瑞安是我梦寐以求的最好的合作伙伴。凯文和董事会的其他成员一直支持着眼 Meetup 的长期健康发展，同时适当地要求我们在财务上有更多担当，争取在疫情过后闯出一片新天地。在我们合作的这一年里，我没有对董事会感到任何惊讶。

我的一个朋友在疫情期间遭受了心理和情绪上的创伤，不得不送医治疗。见到特遣牧师时，她问道：“你坐在帆船上遇到暴风雨时该怎么做？”答案是：“不要冻僵，否则你可能会落水溺亡。一旦落水，你要在翻腾的海浪中快速地上下左右摆动身体，这是你保持漂浮状态的最好机会。”Meetup 在 WeWork 旗下的大部分时间里，以及在疫情期间，我们没能想方设法确保我们不被冻僵。我们需要不断地审时度势，快速地上下左右摆动身体，辗转腾挪。我们确实这样做了。

被 WeWork 出售以来的一年里，Meetup 每个月都保持正现金流[①]，而此前 3 年的任何一个月都未能达到此种状态。我们决定在疫情期间加倍强调社群的重要性，并为组织者和成员提供必要的工具，助力他们成为更有效的社群领导者。我们的博客　　“社群议事厅”现在关注量超过 200 万。我们还推出了一个名为 Meetup Live 的活动，每周举办两次。Meetup Live 现在是 Meetup 最大的群组，有 10 万名成员，超过 20 万人参与活动。我们还推出一个播客，名为“保持联系”，分享励志故事，让大家明白：任何人都可以建立一个群组，为他人的生活增色。

---

① 正现金流是指收入的现金量（销售、已获利息、发行股息等）。“正现金流”就意味着你在投资的过程中，能够确保投资的收益高于投资的成本，如房产的投资者，租金的收入能够高出还贷的支出，那么即便房地产市场出现波动，这样的投资仍然是安全的；投资于有稳定分红股息的股票，把分红收益作为股票选择的坐标，也是降低股价波动风险影响的一种投资方式。A 股市场上这样的股票可能不多，但对有条件的投资者来说，境外市场有更多的选择空间。——译者注

现在我们看到了增长势头。尽管一年前每个公司的关键指标都在急剧下降，但我们的新用户量、创建的活动量以及活动回复率比低点时增长了 40%、50%、60%，甚至 70%。世界正在慢慢随着疫苗接种回归正常，每一剂疫苗都代表一丝希望，意味着又有一个人可以安全地拥抱他们所爱的人，与其一起享受时光，意味着可以再次与朋友欢聚。

我年轻那会儿，记得听到一个拉比[①]告诉一个朋友，他们希望下次见面说话时，能听到彼此都过着“无聊的生活”。我有点上火。告诉别人你希望他们的生活很无聊是何种祝福？我想要冒险和刺激的生活，每天都不一样。现在我不想过这样的生活了。Meetup 被出售后的一年过得很无聊。感谢上帝。有些日子我甚至会午睡片刻。无聊是件好事：无聊意味着我不需要每天醒来时一身冷汗，搞不清 WeWork 在我们的业务经营或出售公司事宜上又会冒出什么疯狂的想法；无聊意味着我们可以专注于扫除阻碍我们发展的因素，而不是为了增长而增长，意味着我们可以利用这一年来修复我们的技术基础设施，重建我们的文化，并为出售后的增长做准备，出售一年后我们的业绩开始增长。我祝福每位首席执行官都能过无聊的生活，或者至少有一段时间很无聊，以便专注于更长期的中心工作。

疫情期间，我在哥伦比亚大学教授创业课程，进一步验证了面对面交流的力量。在过去的 6 年里，每年教授一门课程代表了我生

---

① 拉比（Rabbi），是犹太人中的一个特别阶层，是老师也是智者的象征，指接受过正规犹太教育，系统学习过《塔纳赫》《塔木德》等犹太教（Judaism）经典，担任犹太人社团或犹太教教会精神领袖或在犹太经学院中传授犹太教教义者，主要为有学问的学者。犹太教负责执行教规、律法并主持宗教仪式的人。原意为教师，即口传律法的教师。2～6 世纪曾作为口传律法汇编者的称呼。后在犹太教社团中，指受过正规宗教教育，熟悉《圣经》和口传律法而担任犹太教会众精神领袖或宗教导师的人。——译者注

活的激情和亮点。六年前，妻子问我退休后想做点什么，我告诉她我想到大学教书。她接着问道：“那你为什么不现在就去教书？”也许我在家庭之外最大的快乐是起初在佩斯大学（Pace University）教书，现在在哥伦比亚大学教书这种生活模式。学生对学习商业、战略和创业的精力和热情使我整个人变得更好，并成为一个更好的领导者。但是这个学期不一样，体验很不好。通过 Zoom 进行教学感觉像在敷衍，无法与学生建立真正的联系。

我觉得自己好像是在走过场，试图通过征询学生意见、分组讨论和我典型的滑稽可笑的举止来吸引学生，这和面对面教学很不一样。在完全接种疫苗后，我告诉学生们，我们应该在曼哈顿的中央公园见面，面对面进行交流。自从那次与大约 20 名学生会面后，利用 Zoom 进行教学发生了可喜的变化。我特别注意到，利用 Zoom 教学对我来说没那么难了，因为我已经与许多同学面对面交流过，在此基础上，我开始享受利用 Zoom 线上授课。这让我再次认识到面对面交流的力量和重要性，以及 Meetup 为全球数百万人做的事情有多么了不起。如果说在疫情之前，我只是部分理解“活在现实中”（IRL）的重要性，现在我已经彻头彻尾地理解了。

在本书中，我写了大胆而为、采取行动及让自己“走运”的重要性。自 Meetup 被出售以来的一年，事情的走向正是如此。我曾一度怀疑 WeWork 的最终买家会解雇我。我曾随性地在领英上“表露心迹”，如有新机会出现愿意了解一下。在消息发布后的几天里，一家大型私募股权公司 Riverside 与我接洽，希望成为我的运营合伙人。在随后的讨论中，我们建立起联系，我告诉他们我会留在 Meetup，但他们邀请我加入 Soothe 的董事会，这是一家最大的面对面按摩治疗师健康平台。这是我的第一个董事会职位，也是出售

Meetup 使然。

另一家强烈考虑收购 Meetup 的私募股权公司结果收购了一家大型电子商务花卉公司，我们与该公司进行了无数次对话。他们了解到我曾在 1-800-Flowers.com 有过当高管的经历，在 Meetup 出售过程中认识我之后，也邀请我加入 FTD 的董事会。在 Meetup 出售过程中还有一个关系人把我介绍给了一家非营利组织，直到现在我们的联系仍然很频繁。在 Meetup 出售期间我与数百名风险资本和私募股权领导者见过面，与他们建立起关系，也从与他们的对话中学到很多东西，现在也给 Meetup 带来很多发展机会。我们与数十个大型机构讨论和 Meetup 如何开展合作，相互帮助，这些合作关系大多得益于 Meetup 被出售过程中我与作为潜在买家的高管和领导者的良性互动。关系很重要，更重要的是继续维系关系，而不是在需要的时候临时抱佛脚。

我最不喜欢的一个面试问题一直是："你认为自己五到十年后会怎么样？"我想说的是：谁说能够预见自己的未来我就不会雇用谁。我们的职业生涯在生活的风暴中颠簸摇摆，没人能知道自己的未来。"人类一计划，上帝就大笑"，在疫情之后的今天尤其如此。至于我自己的未来，只要觉得自己对公司还有用，我就打算留在 Meetup。我觉得在 Meetup 的职业生涯结束后，我不会到另外一家公司继续任职。这次经历之后，我觉得我已经准备好掀开我人生的下一个篇章，不管会是什么，我对此都非常兴奋，因为我不知道它会给我带来什么。我可能会利用我的经验，通过授课、指导以及在董事会任职来为其他领导者提供建议。但我不会再担任首席执行官。

至于 Meetup，我们对其未来多年的发展感到极其兴奋。我们现在完全不必关注短期生存，而是重点关注下一个转型，以期为公司带来更大的改观。我们正在探索大量的增长点子，以回答以下一些问题：

- Meetup促成了数万桩婚姻。我们能比Tinder提供更好的约会解决方案吗？Meetup单身会员可以建立深度联系吗？
- 我们是否应该回到近20年前的成长道路，在我们服务的193个国家中散播数千万个由Meetup创建的话题种子，以大幅增加美国以外的业务增长？
- 我们永远无法真正理解如何把组织者通过Meetup开展组织工作变成一项全职职业。我们能否对此进行测试并确保避免过去的公关灾难？
- 有没有可能开发出免费增值模式（freemium①），组织者不用付费就可以使用基础版本，从而吸引数百万潜在的新组织者加入？
- 当今世界，工作社群和家庭社群已经遭到严重削弱，在此背景下，我们对社群工具的哪些方面应该重点投入，以确保我们的成员彼此建立起有意义的关系和真正的社群？

有一点我们可以确定，那就是我们不会试图实现所有这些想法，而是选择其中一个，然后集中所有力量攻坚克难。专注制胜。本书

---

① 免费增值指的是这样一种商业模式：通过向用户提供免费内容或者补贴价格，来实现两个目的：（1）向用户销售另一种利润更高的产品；（2）向第三方（比如广告商）销售用户数据。常见的三种模式有：（1）永久免费：没有付费服务一说。比如谷歌和Facebook，以广告盈利。（2）会员付费：有“永久免费”的基础功能，用户也可选择付费使用增值服务（如更高级的功能，或更高的用户权限），比如LinkedIn和TurboTax。（3）限免：在限定的时间内免费，或限定功能免费。比如提供30天试用期，但没有“永久免费”的基础版本。——译者注

将在 Meetup 成立 20 周年之际出版，未来的 20 年将比我们的第一个 20 年更加令人振奋。

在 Meetup 被出售期间，我在加州大学伯克利分校哈斯商学院（Haas School of Business）的一次演讲中总结了我已经学到的东西，也希望你能从本书中学到这些。我分享了本书中的许多故事，并在演讲最后分享了一些如何影响他人的心得。我深切希望每个学生都能理解自身的影响力——无论是在生活中还是在未来的职业生涯中。大胆而为，永保善良，永不言弃。我在职业生涯的早期就学到了这些经验，这对 Meetup 的成功至关重要。以下是我想分享的一些关键信息：

1. 永远不要低估你对未来产生巨大影响的能力。在许多方面，这也是本书的主题。太多时候，人们或者由于害怕失败（如果你害怕失败，你要知道成千上万的领导者也同样害怕失败），或者出于懒惰，或者受到生活琐事的干扰，放弃了自己的“势能”，将自己未来的幸福交给他人。但是，我们的个人幸福和事业太重要了，不能交给他人，只能自己去亲手创造。

永远不要低估自己在做出重要决策时的影响力。但决策一旦做出，务必确保“即便不赞同也全力执行”。如果在做出决策后心怀怨恨，那么这个组织——婚姻也是如此——就无法有效运作。

2. 牢固的关系能够产生巨大的影响力，使得做出的决策多些感性。WeWork 总裁阿蒂·明森第一次告诉我 Meetup 的出售事宜时，他鼓励我与过去的“关系户”谈谈，尝试一下管理层收购。他之所以支持我是因为我们之前建立起的关系。凯文·瑞安对 Meetup 做的尽职调查远远不及其他 50 多家竞购者，但最终把这笔貌似不太可能的交易达成了。深厚的关系会大幅扩大你的影响力。

我后来在出售 Meetup 过程中建立起来的关系也对我的职业生涯产生了深远影响。我见过一家私募股权公司的创始人，该公司收购了一家大型电子商务企业。我们建立了良好的关系，他们邀请我加入他们的董事会。在出售 Meetup 的过程中，我与 100 多家风险投资和私募股权公司建立了关系，虽然领导 Meetup 不仅仅是一份全职工作（还意味着许多额外应酬），但我相信这些关系将会带来更多惊喜的机会。

3. 永做“局中人”，这样你就可以施加影响。可延展性是决策的主要目标。我拒绝放弃推动 Meetup 未来发展的“势能”。只要能在谈判桌上占有一席之地，我就能影响最终结果。可延展性是最强大的能力之一，但也通常最不受重视。我总是告诉我的学生，在选择职业时，他们应该注意以如此方式做出选择：随着职业进展，他们当下的选择应为未来的决策做好铺垫，确保有更多可选项。生活就是一系列的决策，确保当下的选择能够扩展而不是限制未来的选择，这个能力可以使你在通往未来之路上感受更多幸福。

4. 不要害怕失败。要害怕的应该是不去尝试。不管是因为我的家教——生活中的许多事情也是如此——还是因为我的杏仁核[①]（大脑中感知恐惧的区域）可能出现故障，我一向大胆而为，但我发现害怕是使人缺失个人和职业幸福感的罪魁祸首之一，也是思维僵化的最大成因。实际上，失败是最好的礼物。不应该害怕失败，而应该拥抱失败。失败比其他任何活动都更能推动学习。我从来不明白为什么有人会害怕学习和成长的最好机会。我过去失败过很多次，

---

① 杏仁核，又名杏仁体，呈杏仁状，是边缘系统的一部分。是产生情绪，识别情绪和调节情绪，控制学习和记忆的脑部组织，而且研究发现，幼儿自闭症似乎也与扩大的杏仁核有关。——译者注

不可避免将来还会失败更多次。别害怕，拥抱失败。

5. 间接影响可能比直接影响更为强大。通过他人的影响力来使影响最大化。在 Meetup 的出售过程中，我经常让查德、凯文或其他人直接与 WeWork 的团队沟通，而不是我自己亲力亲为。WeWork 也经常要求我跟进与他们直接会谈的一方，向对方解释我们为什么能够或不能满足特定的尽职调查请求。要知道，有效说服的关键是谁来传递信息，而不是信息本身。作为三个十几岁孩子的家长，我敏锐地意识到，来自一方（我）的信息可能会受到指责，但同样的信息如果来自另一方（朋友、兄弟姐妹或祖父母），则会受到欢迎。懂得如何间接影响结果是得到你最想要的东西的核心要义。而得到你最渴望的东西是做出明智决策的结果。

虽然购买本书是一个明智的决策，但利用好生活和职业生涯中的经验教训才是最明智的决策。我曾经指导过的一位初创公司首席执行官正在处理与董事会间的一个极其复杂的情况。她读了本书的样书后告诉我，这本书是她处理与董事会关系的战略指南。对我而言，这是最想得到的回报，也是写本书的原因所在。

我本人读过数百本商业书籍，但深刻影响我的只有少数几本。因此，我在此请求：当你读完本书后，把对你最有帮助的三点记录下来。祝你好运，愿生活中的决策在你未来的人生旅途中源源不断带给你欣喜与激动。

感 恩

在一本书的开头或结尾写致谢从未引起过我的共鸣。我觉得致谢像是在做交易，我更喜欢感恩。感恩是英语中最重要的词之一，感恩不是交易，它具有变革性。感恩能加深施者与受者之间的关系。当你心存感恩时，就会形成肌肉记忆，从而影响你对生活中每一个事件的看法。大多数经历其实并非非黑即白，同样的体验可以被视为积极的或消极的，这取决于观察者。正是通过这种“感恩的肌肉记忆”，我们才塑造出一种积极的人生视角。

上大学时，我记得我曾对朋友们宣称，我笃信人生的意义在于“在日常行动中寻找快乐，以获得长期的幸福”。目标是为自己寻求未来的幸福做好准备，并享受这个过程，不是为了享受当下而置未来的目标于不顾，更不是为了今后能获得幸福去经历短痛。

25 年后的今天，我的目标依旧。对我来说，通往短期快乐和长期幸福的道路就是感恩。感恩促使我们珍惜生活中的所有瞬间，确保我们不把它们视为理所当然。没有感恩就不可能追求到幸福。感恩是一个框架，它让你拥有更广阔的视野、更谦逊的言行和更健康的人际关系。如果你缺乏感恩之心，就会陷入永无止境的循环，总想去寻找更多，不懂得珍惜自己已然拥有的美好。

每天早上醒来以及每天晚上睡觉之前，我都要做一个简短的感恩祈祷，这种祈祷在我祈祷之前已经延续了几千年。它就像一根定海神针，确定我如何开始新的一天，如何结束一天，护我入眠。

我对生活中以及与本书有关的许多人都充满感激之情。

我感恩我的父母 Kenneth Siegel 和 Ellie Siegel，他们保持了复杂的平衡：一方面允许我失败，另一方面在我真的失败时又毫无保留地给予我支持。

我要感恩我的岳父岳母 David Kaplan 和 Carol，他们不仅生下了最棒的女儿（我的妻子），而且对我的“恶作剧”从不妄加评论。

我要感恩我的兄弟姐妹 Nathan Siegel 和 Laurie Siegel，虽然我们在很多方面存在分歧，但我们永远相互扶持。

我要感恩帮助编辑本书的许多人：

- 感恩 Tim Burgard、Jeff Farr、Sicily Axton、Mike Bzozowski 以及哈珀柯林斯（HarperCollins）团队成员，感谢他们给我的指导、支持和信任，要知道我之前写过的文章水平从未超过高中阶段的历史论文。
- 感恩 Kevin Anderson & Associates 公司的执行编辑 Stephen S. Power，他把我写得像五天没刮胡子一样粗糙的草稿整理成 45 个决策。
- 感恩 Elliot Herzig，他给我发了一封冷冰冰的电子邮件，随后花了几十个小时阅读并重读我的书稿，提出编辑建议。
- 感恩 Michael Kellman——我的挚友，在我们多次长途徒步时他与我讨论 WeWork 的出售事宜，并鼓励我写一份详细的手稿。
- 感恩 Kevin Ryan，感谢他 20 多年前聘用了我，在生活中和在撰写本书的过程中一直给予我指导和支持。哦，还要感谢他成为Meetup出售的主要投资者。

- 感恩Meetup的许多员工为本书的准确性提供了反馈意见，他们是：Giff Constable、David Diesenhouse、Mary Garcia、Eileen Gilbertson、Greg Giusti、Gwynn Krueger、Jeanine Mioton、Daniel Pardes、Prerna Singh、Sach Sokol和Ronlee Tehranian。
- 许多朋友、学生和前同事给予我鼓励，他们审阅书稿，并确保我在写作过程中不至于崩溃，他们是：Radha Agrawal、Tiffany Daenecke、Daniel Ben David、Tal Ben-Shahar、Johnny Boufarhat、Jon Brodsky、Guy Cohen、Adam Enbar、Sarah Friar、Evi Heilbrunn、Yuejia Jiang、Erica Keswin、Binna Kim、Donald Krueger、Daniel LaGrua、J. J. Lando、Jon Levy、Leigh Nusbaum、Jennifer Perciballi、Vibhav Prasad、Shlomo Ressler、Michael Schein、Caleb Silver、Dan Simon、Wendy Tsu和Noam Wasserman。
- 在我的职业生涯中，我的经理和导师塑造了我的人生和职业目标，这是我永远无法报答的，我永远感激他们。首先是我刚出大学校门时遇到的第一位经理和导师Edward Goldstein，之后是Sam Marcus和Karen Dowd。还有其他导师，他们是David Rosenblatt、Kevin Ryan、Brian (Skip) Schipper、Melanie Hughes、Jim Rizzo、Jim McCann、Chris McCann、Charlie Fraas、Ben Wolin、Paul Slavin、Avrom Gilbert、David Jackson、Sarah Holloway、Eli Hoffman、Doug Leeds、Adam Rostont和Joey Levin，感谢他们教会我如何做一个好人，如何成为一

个强大的领导者，以及彼此之间如何相互促进。

最后我要感恩我的家人。感恩我的三个孩子 Yair、Nadiv 和 Marni，他们是我们的生命，我们希望他们继续如他们所愿地成长；感恩 Lara，她是我一生中最好的决定。

附录 A
给领导者的建议

虽然我仍然不相信 Meetup 的变革管理需求已经完成，但与 WeWork 的至暗时期相比，我们的情况已经大为改观。以下是关于领导者如何在面临挑战时成功推动组织转型的一些建议：

1. 扁平化的组织结构：领导者亲力亲为非常重要，在面临挑战时不能授权他人。如果组织的层级过多，就要砍掉一些。你需要直接与每个职能部门的负责人交流，而不是依靠他人来传递信息。曾经我需要直接管理 12 名下属，看起来很难，但这种方式起到很大的作用，大家很快就顺应了。

2. 驱动而非授权：领导层有必要向团队授权（这应该是一个稳定的组织应有的管理风格），但在面临挑战时，你需要倾听，然后发出指令。你不能让团队通过自我管理来摆脱困境，否则就会出现不协调和轻重不分的问题。

3. 强化沟通：有好几个月以来，我每周都要召开一次全体员工会议，每周还要再召开一次全体经理会议。这些会议以问答为主，重要的是解释清楚我做决策的背景和原因，因为很多决策都是指令性的，而非授权性的。

4. 员工的离职是健康的：不要把长期员工的离职视为个人的失

败。清除长期唱反调的员工并引进热衷寻求解决方案的新员工利大于弊。

5. 更换高管团队：我知道这很苛刻，但在充满挑战的时期，往往需要对领导层进行大换血。首席执行官越早意识到依靠现有的高管团队不可能扭转公司的局面，变革就能越快产生影响力。许多新任首席执行官出于好意，选择相信他们的新管理团队。几个月后他们就会意识到，“善意”的结果只会导致他们无法有效地改变公司的文化和管理方法。

6. 提振士气的口号非常有效：找到一个能引起员工共鸣的信息，将其与他们崇高的事业结合起来，并不断强化。我们起草的新的公司使命是：“通过真诚的人际关系促进个人成长。”这一使命我重复了几百遍，试图把每个行动都与我们的使命联系起来。

7. 跬步千里：小的胜利能创造动力和乐观情绪，激励每个人朝着下一个以及再下一个小的胜利迈进。每一次小的胜利（2%、1.5%）叠加起来就会产生累积效应，从而取得显著的进步。在 WeWork 出售 Meetup 之前，WeWork 的领导层（亚当·诺伊曼）认为小胜利是“弱者的领地”，雄才追求的是全垒打。Meetup 非常不愿意专注于那些成功性可能高并能取得有意义进展的小胜利。现在情形大为改观了。

8. 设定里程碑：设定并向员工讲明切实可达的里程碑，说清楚需要多长时间才能让员工“感受到动力”。在特别具有挑战的情况下，所需的时间绝对不会少于 9 到 12 个月，多数情况下需要更长的时间。要确保团队做好准备，并设定好切合实际的期望值。由于过度自信和“讨好心理”，我在理解和有效传达这一原则方面做得很糟糕。

9. 文化债：最重要的是，许多公司认为在技术驱动的变革中，最大的挑战之一是技术债，因为技术债使企业无法弥补严重的用户体验缺陷。然而，更大的问题在于文化债。在扭亏为盈的过程中，存在着巨大的文化债。公司文化可能是倦怠、冷漠、对业务的成功漠不关心的，或所有这些的集合（如 Meetup）。必须承认这一点并尽快予以解决，因为技术债主要是文化债的遗毒所致，不解决文化债的问题就无法确保公司扭亏为盈。

附录 B
裁员谈话范例

如果领导者在几年时间里一直表扬你，然后在某天早上宣布要解雇你，还是人力资源部写在卡片上的那种法律气息十足的语言（在电话里读给你听更严重），那肯定是十分糟糕的事情。如果说还有什么比这更加糟糕，那莫过于你发现自己被裁员了。所以，务必要用自己的语言来表达，这才是最重要的。以下是我在裁员过程中讲到的内容和使用的语气，仅供参考。

大家好！

- 我今天要和大家分享一件很难说出口的事情。
- 开口说这件事确实不易，所以我就冒昧直说了。
- 今天，我们将要和团队中大约 10% 的成员道别。

（停顿一下，让大家缓缓神）

- 我原本打算给大家发一封邮件，但我决定还是不发了，因为那不是 Meetup 的风格。我们是一家组织线下活动的公司，所以无论是在辉煌时刻还是在遭遇像今天这样的挑战之际，我们都将以直接、透明的方式来面对。

- 因此，我就直接告诉大家，因为我要确保信息得以准确传达。
- 请大家原谅我这样做……

我之所以加入 Meetup，是因为我非常看好我们的业务、我们的社群以及 Meetup 对人们的生活产生的巨大影响。我敢说这也是大家加入 Meetup 的原因所在。

几周前，在我们的组织结构全员大会上，我谈到了改变公司的七步流程。第一步是设定新架构，第二步是确定支持新架构的人选。

通过与大家展开数百小时的交谈、对业务开展深入研究、与领导团队进行密切磋商，并且召集近百人参与我们的战略工作流，我们做出了这个重要而艰难的决定，这是个非常重要的问题，绝不能轻描淡写。

我们要向那些对我们的业务作出重大贡献的同事道别。

对我而言，这是我整个职业生涯中第一次不得不监管这样的行动，但很遗憾，为了 Meetup 的生存，我们认为我们别无选择。简而言之，此举实属不得已而为之。做出这些改变是为了确保我们更加专注，确保我们的团队想公司之所想、急公司之所急，也就是聚焦所谓的“三大板块”——收入、客户体验和新商业模式。

那么，接下来的步骤是：

1. 今天离开我们的人将在会议结束后五到十分钟内收到日历邀请，好让他们知道自己下一步该做什么。

（短暂停顿）

2. 不受影响的人将收到一封电子邮件，其中包括今天剩余时间的安排。

（稍停）

3. 今天下午两点，我们将召集全体员工一起讨论这些变化，最重要的是，我们将给大家一个提问的机会。

（稍停）

我知道要处理的事情很多，找不到特别理想的方法来做。

最后说两个想法：第一，我觉得重要的是我们不回避你们提出的问题；第二，我们会以坦诚、体贴和同理心对待今天将要离开的人。

（稍停）

感谢大家耐心倾听，散会。

（大家退场时，继续留在台上）

附录 C

迎接新领导的电子邮件范例

无论你是被解雇了还是以某种方式被辞退（很遗憾，这很可能是你任期的终结），或者是离开公司另谋高就（祝你好运！），你对员工的最后责任就是帮助他们的新上司站稳脚跟。他们没有理由吃苦头。以下是斯科特欢迎我加入 Meetup 时的电子邮件全文，这封电子邮件确实令人印象深刻。我把他的这封电子邮件呈现如下，为你提供一个范本。记住：要热情洋溢，表现出专业精神。你要相信，你在艰难时期的慷慨大度会令人铭记于心。

致：员工

发件人：斯科特

主题：欢迎 Meetup 新任首席执行官戴维·西格尔

大家好

有个好消息！我们找到了一位非常优秀的人选——你们将在今天中午见到他。

我面试了几十位候选人。

戴维在三个月内参加了 26 次面试。

戴维对我们的使命最富热情，精力最充沛，而且他的理念也最符合 Meetup 目前的需要。

我们需要他，他今天就开始工作！

那么如今 Meetup 需要什么？为什么戴维是 Meetup 当下最合适的领导者？

大家将在中午听到更详细的消息，现在我简单总结一下。

Meetup 现在需要的首席执行官必须具备以下特质：

- 有一个系统的方法来照顾和发展我们的客户和会员群体，有条不紊地推进工作。
- 关爱团队：打造高效的团队以更好地协同工作。
- 拥有大公司的管理经验，确保独立子公司成功运营。

戴维符合上述三条。我原本想从一家互联网巨头公司招聘一个人——我们面试了很多这样的人，但戴维的背景与众不同。在过去的 20 年里，他一直带领团队和公司，事实证明，他是一个能够赢得人们信任并推动公司走向成功的领导者。

最近，戴维担任了投资百科网（一家互联网公司）的首席执行官，在那里，他开发出订阅模式（与 Meetup 类似）和丰富的用户生成生态系统（与 Meetup 类似），在三年内将营收提高了两倍，他的团队成员都很喜欢他。

你与他共事时，就会清楚他是如何引领公司走向成功的。他知道自己不擅长什么——他不是软件工程师或用户界面设计师，他是一个组织设计 / 工程奇才，专注于有条不紊地推进 Meetup 的活动，增加 Meetup 的收入。我和他一起参加了 Meetup 组织的串酒吧活动，他很快就融入了 Meetup 团队，你能感受到他的正直、专心和睿智。

我自以为在 Meetup 担任首席执行官是世界上最好的工作。你可以专注于一项重要任务：将数以百万计的人聚集在一起参加线下活动，打造社群，创造机会；你还可以领导有史以来最有才华、最富激情的团队，将这种使命变为现实。在我的生命之旅中，我任职于这个岗位将近 17 年。

担任 Meetup 的首席执行官同时是一份非常艰巨的工作，因此我希望大家欢迎戴维的到来，对他担此使命给予应有的厚望，在他熟悉工作的过程中对他保持耐心，并尊重他在这里要开展的工作。

戴维的到来将使 Meetup 更加成功。“改变公司”是我们长期以来的核心价值观，因为这是任何有机体或组织茁壮成长的方式，所以我恳请大家保持开放的态度，这算是我对你们的一个请求。

我现在转任董事长，我最希望戴维能够成功担当起首席执行官的重任。前任首席执行官尊重新任首席执行官的最好方式是不去妨碍新任首席执行官的工作——让团队分清谁是真正的负责人。因此，我将休假 90 天，这期间定期与戴维会面，为他提供帮助。

让我们一起欢迎戴维的到来，感谢他勇于担此重任！

——海弗曼

联合创始人兼董事长